ワールドクラス
リーダーシップ
World Class Leadership

自分・チーム・
世界・社会をリードする

安部 哲也 Tetsuya ABE
EQパートナーズ株式会社 代表取締役 www.eqpartners.com
立教大学大学院(MBA) 教授(リーダーシップ論担当)

同友館

まえがき

　20世紀後半、特に1990年以降から21世紀にかけて、世界は大きく変わろうとしています。2007年米国サブプライム問題、2008年リーマンショックなどに始まった世界金融危機、世界経済危機もその一つです。社会、またビジネス環境において、かつてない激動の時期といえるのではないでしょうか。
　「皆さんは、どのように感じていますか？」
　変化を強く感じている人、なんとなく感じている人、あまり感じていない人、さまざまな人がいると思いますが、間違いなく、世界は大きく様変わりしています。
　世界やビジネス環境が変化しているということは、みなさんがとるべきリーダーシップも必然的に変える必要がでてきます。かつての環境においては、かつてのリーダーシップで通用しますが、新しい時代環境において、かつてのリーダーシップを発揮していては、成功できるはずがありません。

　これまでリーダーシップに関しては、古くは、2000年以上も前のギリシャ・ローマ時代、中国の孔子の時代から研究されてきました。リーダーシップについて、時代による変化はありましたが、基本的には共通の要素が多くを占めていました。
　しかしながら、この20世紀後半から21世紀にかけて、インターネット化、グローバル経済化、多様化の３つの変化により、人類史上かつてないほど、リーダーシップのあり方に変化をもたらしています。

この環境の変化を認識し、リーダーシップのあり方を変革していかなければ、21世紀以降においては、効果的なリーダーシップを発揮できないばかりか、悪影響を及すリーダーシップを発揮したり、チームを崩壊させてしまったりすることにもなりかねません。

　皆さんが、感じる、感じないにかかわらず、間違いなく世界は変化しています。そして、その変化に伴い、皆さんがとるべきリーダーシップのスタイルもさらに大きく変化してきています。
　かつて、皆さんの上司や先輩たちがとってきたリーダーシップは、もはや通用しなくなりつつあるのです。
　その原因は、1990年代後半に起こった、①インターネット化、②グローバル化、③多様化という3つの変化にあります。
　この21世紀のビジネス環境は、20世紀まででは想像もつかなかったほど大きく変化しています。いえ、その変化は、氷山の水面上に出ている部分が全体のほんの一部であるように、表面に現れている変化はほんの一部にしかすぎず、水面下ではとてつもない大変化のきざしがあるように感じます。

　21世紀のリーダーシップは、より難しく、より複雑に、よりスピードが求められるようになってきていますが、このような新しい時代に通用するリーダーシップの共通要素について、わかりやすくまとめ、一人でも多くの人たちが理解し、それを実行、実践できるようにしたいと思い、この本の執筆にいたりました。
　筆者はこれまで、日本のリーダーとして、トヨタ元社長・

張富士夫氏、トヨタ社長・渡辺捷昭氏、日産自動車・ルノーCEO・カルロス・ゴーン氏、ホンダ社長・福井威夫氏、松下電器産業（現　パナソニック）会長・中村邦夫氏、社長・大坪文雄氏、東芝社長・西田厚聰氏、セブン＆アイ・ホールディングス会長・CEO・鈴木敏文氏、ソフトバンク社長・孫正義氏、星野リゾート社長・星野佳路氏など、また、海外のリーダーとして、GE（General Electric）元CEO・ジャック・ウェルチ氏、IBM・元CEO・ルイス・ガースナー氏、元ニューヨーク市長・ジュリアーニ氏、インフォシス会長・ナラヤナ・ムルティ氏、アリババCEO・ジャック・マー氏など日本および海外の優れた経営者・リーダー数百名以上の講演などを直接聴いたり、直接質問や対話をさせていただきました。

　また、NEC、東芝、富士フイルム、カシオ、キヤノン、花王、住友商事、みずほグループ、イエローハットなどをはじめとする各企業での研修やコンサルティングにおいて、年間約2000人以上の方と直接、リーダーシップをテーマに、講義や議論をさせていただきました。立教大学大学院MBAコースでは、リーダーシップ論の教鞭を担当させていただく中、社会人や学生、数百名以上の方と学びあいを深めてきました。

　また、世界の人材開発をリードする一つである米国ASTDにも5年間連続で参加し、世界のリーダーシップ開発の最新トレンドについて研究し、学習する組織の権威者であるマサチューセッツ工科大学のピーターセンゲ氏らによるエグゼクティブ向けリーダーシップコースにも参加させて頂きました。

　これ以外にも、多くの企業のトップ、ミドル、現場、大学

研究者、学生の方々との日々の対話を通じて筆者が学ばせていただいたことを、一人でも多くの人たちが理解しやすく、そして実践しやすくできるための要素を「ワールドクラス・リーダーシップ」としてまとめました。

　このワールドクラス・リーダーシップという考え方は、この本が出発点で、始まりです。読者の皆さんを含め、新しい時代のためのリーダーシップの開発に興味を持っていただけるすべての人たちと一緒に、今後、互いに学びあい、高めあいながら成長していくことができれば本望です。
　まずは、この本に興味を持って手に取っていただいたことに心より感謝を申し上げるとともに、この本が皆さんのビジネスやその他の活動のお役に立ち、そして幸せに貢献できれば、この上ない喜びです。
　それでは、21世紀をリードするワールドクラス・リーダーシップの旅を一緒に進めていきましょう。

2009年2月
　　　　EQパートナーズ株式会社　代表取締役社長・MBA
　　　　立教大学大学院　教授

　　　　　　　　　　　　　　　　　　　　　安部哲也
　　　　　　　　　　　　　　　　　　admin@eqpartners.com

目　次

まえがき …………………………………………………… 1

第1章　リーダーシップの全体像 …………………9

1—1　3つの変化（20世紀から21世紀へのビジネス環境の変化）…10
(1) インターネット化 ……………………………………… 10
(2) グローバル化 …………………………………………… 11
(3) 多様化 …………………………………………………… 13

1—2　4つのレベルのリーダーシップ ………………………15
(1) セルフ・リーダーシップ（自分自身を理解、リードする）… 15
(2) チーム・リーダーシップ（チームを理解、リードする）…… 17
(3) グローバル・リーダーシップ（世界を理解、リードする）…… 18
(4) ソーシャル・リーダーシップ（社会を理解、リードする）…… 19

第2章　セルフ・リーダーシップ ……………… 21

2—1　セルフ・リーダーシップとは何か？（WHAT）………22
2—2　なぜ、セルフ・リーダーシップが必要か？（WHY）……23
2—3　どのようにセルフ・リーダーシップを実践するのか？（HOW）…………………………………………26
(1) 方向づけ①（自分自身を理解する）………………………… 26
(2) 方向づけ②（自分自身をリードする）……………………… 32

2—4　セルフ・リーダーシップの要素 ………………………35
(1) セルフ・リーダーシップのための行動（TO DO）モデル … 35

(2) セルフ・リーダーシップのあり方（TO BE）モデル ……… 42

【column 1】▶なぜフィードバックを受けることが重要なのか
　　　　　　―リーダーシップ開発のための鏡―／51
【column 2】▶自分のやりたいことを見つける―栄光の瞬間―／53
【column 3】▶動けないときに、どう動くか？／56

第3章　チーム・リーダーシップ …………………… 59

3―1　チーム・リーダーシップとは何か？（WHAT） ……… 60
3―2　なぜ、チーム・リーダーシップが必要か？（WHY） …… 60
3―3　チーム・リーダーシップの要素 ………………………… 63
　(1) チーム・リーダーシップのための行動（TO DO）モデル
　　　3要素 ……………………………………………………… 63
　(2) チーム・リーダーシップのあり方（TO BE）モデル ……… 66
3―4　チーム・リーダーシップ診断 …………………………… 71
3―5　どのようにチーム・リーダーシップを実践するのか？
　　　（HOW）3つのアクション ……………………………… 73
　(1) 方向性を構築する（Vision） …………………………… 73
　(2) 実行・実践する（Action） ……………………………… 88
　(3) 学習する（Learning） ………………………………… 100
3―6　ビジネスパーソンに求められる3つの機能（役割）
　　　リーダーシップ・マネジャーシップ・
　　　プレーヤーシップ ……………………………………… 123
　(1) リーダーシップとマネジャーシップ ………………… 123
　(2) LMP（リーダーシップ・マネジャーシップ・プレーヤー
　　　シップ）モデル分析 …………………………………… 131

【column 4】▶各階層に求められるスキルを確認する／143
【column 5】▶リーダーシップの2つの軸—効果的なリーダーシップは、課題対応力×対人能力—／147
【column 6】▶条件適合型リーダーシップ—メンバーや環境に応じてリーダーシップのタイプを変える—／152
【column 7】▶サーバント（支援）型リーダーシップ
　　　　　　—実行（Action）段階ではメンバーが主役に—／158
【column 8】▶リーダーシップの5つのレベル—強さと謙虚さを兼ね備えたリーダーシップ—／164
【column 9】▶ヒトデはクモよりなぜ強い／168
【column 10】▶リモート・リーダーシップ（遠隔地のメンバーに対するリーダーシップ）とは／169

第4章　グローバル・リーダーシップ …………… 175

4—1　グローバル・リーダーシップとは何か？（WHAT）… 176
4—2　なぜ、グローバル・リーダーシップが必要か？（WHY）… 176
4—3　どのようにグローバル・リーダーシップを実践するのか？（HOW） ………………………………………… 183
　(1) グローバル（世界）＆ローカル（地域）の両立 ………… 183
　(2) 違いを認め合う ……………………………………… 184
　(3) 同じ目線で（人間として）向き合う ……………………… 185

【column 11】▶グローバル人材育成の3要素／187

第5章　ソーシャル・リーダーシップ ……………… 191

5—1　ソーシャル・リーダーシップとは何か？（WHAT）… 192
5—2　なぜ、ソーシャル・リーダーシップが必要か？（WHY）… 193
5—3　どのようにソーシャル・リーダーシップを実践するか？（HOW） …………………………………………… 198

【column12】▶人は本来、正しいことを望んでいる／205

第6章　最後に ……………………………………… 209

6—1　すべてのリーダーシップはつながっている ………… 210
6—2　次の時代へ ……………………………………………… 211

謝辞 ……………………………………………………………… 213
　EQパートナーズのご案内……………………………………… 215
　私塾「志（こころざし）塾」のご案内 ……………………… 217

第1章

リーダーシップの全体像

1—1 3つの変化（20世紀から21世紀へのビジネス環境の変化）
　(1) インターネット化
　(2) グローバル化
　(3) 多様化

1—2 4つのレベルのリーダーシップ
　(1) セルフ・リーダーシップ（自分自身を理解、リードする）
　(2) チーム・リーダーシップ（チームを理解、リードする）
　(3) グローバル・リーダーシップ（世界を理解、リードする）
　(4) ソーシャル・リーダーシップ（社会を理解、リードする）

第1章　リーダーシップの全体像

1—1　3つの変化（20世紀から21世紀へのビジネス環境の変化）

（1）インターネット化

　1995年にインターネット機能がだれもが使えるパソコンのウィンドウズに組み込まれて以降、インターネットが急速に普及してきました。データによると、2011年時点で、日本では、約9610万人（全人口の約80％）、世界では、約22.7億人の人たち（全人口の30％以上）が、ビジネスや日常生活でインターネットを使用しています。われわれがビジネス等で関係する人たちの中で、インターネットを使っていないという人は、ほとんど例外的な存在となっているのではないでしょうか。

　インターネットの普及は今後も加速し続け、ビジネスや社会活動にかかわるほとんどすべての人たちがインターネットを使うような時代が、すぐそこにやってきています。全世界のあらゆる階層でインターネットが普及すると、どのようなことになるのでしょうか？

　このインターネットの影響は、かつてでは考えられないほど、社会全体や企業、組織、生活にまで大きな影響をもたらしています。たとえば、情報格差がほとんどなくなることで

す。かつては、トップやリーダー層など一部の人たちしか持ち得なかった情報などを、経営者、マネジャー、中堅社員、若手社員、アルバイトなどを問わず、また国内外を問わず、どの階層の人でもほぼ同様の情報や知識を得ることができるようになります。

そのような社会となると、それ以前とはリーダーシップのとり方も変わってきます。かつては、トップやリーダー層たちが多くの情報や知識を持ち、その情報をもとにチームの方向性を決め、メンバーをリードしてきました。

ところが、インターネット時代になると、リーダーと同じくらい、もしくはメンバーのほうがより多くの情報や知識を持つケースも増えてきており、少数のリーダーだけが主役（主導）のリーダーシップではなく、リーダーとメンバーを含めた全員が主役のリーダーシップをとることが効果的となってきます。

(2) グローバル化

2000年に投資会社のゴールドマン・サックスによりBRICsレポートが出されるなど、ブラジル、ロシア、インド、チャイナ（中国）が、その豊富な人口および資源、市場などをベースに、今後著しい経済発展を遂げ、世界経済の主役（2050年の経済規模：1位中国、2位米国、3位インド、…）となってくるといわれてきました。実際には、そのBRICs 4ヵ国のみならず、インドネシア、ベトナムなどを含めたNEXT11やその他のアジア、東欧、南米、また中東、アフリカの国々などもものすごい勢いで経済成長を加速し、これまで世界経済をリードしてきた米国、日本、欧州諸国などの先進国に猛

スピードで追いつこうとしています。

　かつての日本が、第2次世界大戦後、欧米諸国に追いつけ追い越せで、高度経済成長を遂げてきたように、新興国が先行する国に追いつくことは、先頭で進むよりも数段早く実現できるものです。

　ある電機メーカーの中国ビジネスを担当する経営幹部が、かつての日本や先進国などが5～10年以上かけてやってきたことを、中国は1～2年くらいのペースで追いついてきていることを感じると語っていました。たとえばテレビを例に取ると、日本では、ブラウン管型の白黒テレビ→カラーテレビ→薄型液晶テレビと数十年かけて技術開発を進めてきましたが、中国では、日本や他の先進国の最先端技術を学びとり、当初から最新の薄型液晶テレビの開発からスタートします。そのようになると、後発のものは、先行しているものに数倍のスピードで追いつくことができるようになります。

　また、GE、IBM、P&G、スターバックスコーヒーやグーグル、アマゾンのように国境を越えて積極的にビジネス展開する企業が増えていきます。

　そうなると、たとえば、日本の東京でビジネスを行っていたリーダーが、それまでは東京の人口1300万人を対象とした競争相手、また市場をみていればよかったものを、もしくは日本全体としても、1.2億人の競争相手、市場をみていればよかったものが、欧米先進国の6億人にとどまらず、全世界70億人（東京の約600倍、日本の約55倍）の競争相手、市場をみながらリーダーシップを発揮する必要が出てきます。顧客や競争相手が地域や国だけに限定されず、国境を越えて現れてくるため、地域や国内だけを考えたリーダーシップでは

通用しなくなってきているのです。

　逆に、市場という見方では、かつては特定の地域だけ、日本だけだったものが、全世界に向けビジネスをすることができるようにもなります。その意味でグローバル化は、大きなチャンスでもあり、大きなピンチでもあります。

　そこで、20世紀とは違い、21世紀は一企業、一組織、一個人においても、全世界を理解、意識したうえでのリーダーシップの発揮が不可欠となります。

(3) 多様化

　かつて日本の企業や社会は、実に均質性が保たれていました。日本人中心、男性中心、年長者中心、また同じような育ち方や考え方を持った人たちが組織を構成していました。これ自体、日本の社会、そして組織の強みでもありました。

　ところが、1990年前半から以降約20年間に及ぶ景気低迷と企業のリストラ、女性社員や派遣社員、アルバイト、外国人社員の活用など雇用の多様化が進んできました。また、人材のグローバル化も起こってきました。

　そうなると、かつての「俺の背中を見て、ついてこい！」型、「今は我慢しろ！そうすれば将来いいこと（昇進、昇給など）がある」型、「（ある程度我慢を強いても）どうせ辞めない」型の20世紀型リーダーシップ・スタイルは、もはや通用しなくなってきました。その違いを理解できていない20世紀型のリーダーたちは、メンバーがついてこなかったり、メンバーのモチベーションが上がらなかったり、場合によってはメンバーが辞めてしまったりするなど、たいへんな苦難の時期を迎えています。

図表1—1①

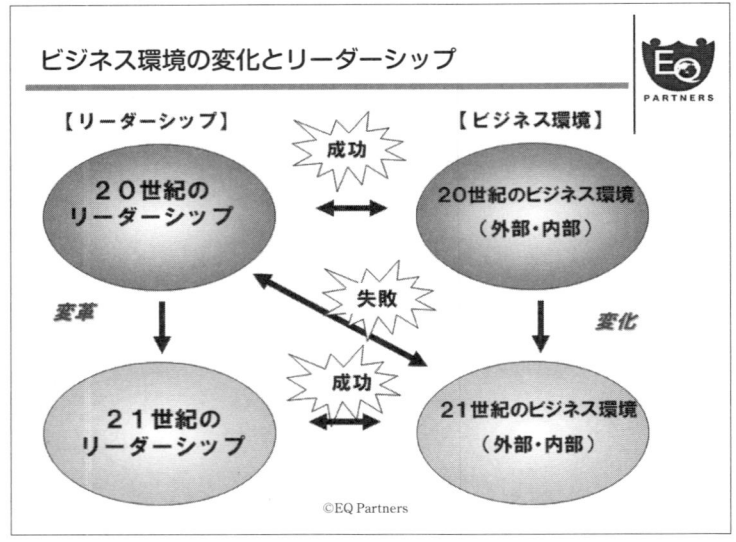

図表1—1②　○20世紀&21世紀
(環境)

【20世紀】	【21世紀】
・ローカル市場中心 ・ピラミッド型組織 ・穏やかな変化 ・単純なビジネス環境 ・比較的同質な人材の集まり	・グローバル市場 ・ネットワーク型組織 ・変化の複雑化、加速 ・複雑なビジネス環境 ・人材の多様化

第1章　リーダーシップの全体像

　現に、日本では、大学卒の新入社員の約35％、3人に1人が、入社3年以内に辞めてしまっているという状況に陥っています。

1—2　4つのレベルのリーダーシップ

　「では、3つの変化を乗り越え、生き残る、またその波を最大限活用して、さらに発展するためには、今後、どのようなリーダーシップが必要となってくるのでしょうか？」

　次の4つのレベルのリーダーシップに分けて、解説していきます。
（1）セルフ・リーダーシップ
（2）チーム・リーダーシップ
（3）グローバル・リーダーシップ
（4）ソーシャル・リーダーシップ
　これら4つのリーダーシップを統合して、ワールドクラス・リーダーシップと定義しています。

（1）セルフ・リーダーシップ（自分自身を理解、リードする）
　セルフ・リーダーシップとは「自分自身を理解し、リードすること」ですが、このセルフ・リーダーシップの重要性およびあり方も、21世紀に入って大きく変化しています。
　インターネット化の影響で、だれもが同じように情報を得ることができ、また処理しきれない程の情報を手にします。インターネット化とグローバル化の波の2つの波が合わさって、ビジネスの24時間365日化が加速しています。

時差により、日本→アジア→インド→中東→欧州・アフリカ→米州→（また）日本と、24時間365日、ビジネスや社会活動が止まることがありません。そういった中で、自分自身をしっかりと理解し、リードできていないと、自分を見失ったり、ワークライフバランスを著しく崩してしまったりします。

　変化の激しい中、メンバーに対してぶれないリーダーシップを発揮するためには、自分自身をしっかりとリードするセルフ・リーダーシップが必要となります。セルフ・リーダーシップを発揮できるかどうかが、21世紀以降では大変重要となってきます。

　20世紀には、社会や企業、組織が、個人の生き方、働き方をある程度方向づけてくれていました。たとえば、企業に入社した場合、入社3年で一人前になり、5年で主任、10年でマネジャー、その後、部長…などと、企業や上司が道筋を考えてくれていました。

　ところが、21世紀には、企業や上司がそのようなことをしてくれるケースも減ってきており、また仮に企業や上司がしてくれるとしても、個人として自分自身の強みや弱み、大切にしたい価値観など自分自身を深く理解し、社会や企業、組織を理解し、そしてその両方をリードする必要が高まってきています。

　このセルフ・リーダーシップは、リーダーシップ全体の基盤となります。

　（詳しくは第2章にて解説）

(2) チーム・リーダーシップ（チームを理解、リードする）

21世紀に入り、組織やチームのあり方も大きく変化しています。チーム・リーダーシップとは、組織やチームを理解し、リードしていくリーダーシップです。

チーム・リーダーシップでは、次の3つのアクション（行動）が必要です。

① 置かれている環境を分析し、チームの方向性を創り出す（ビジョン：方向づけ）
② その方向性に向かって、チームに行動を起こさせる（アクション：実行）
③ そして、それらを通じ、チームに学習させ、成長させる（ラーニング：学習）

20世紀は、他社と横並びのビジョン、上司から部下への一方的な指示命令によるアクション、上司から部下への一方通行で教えるラーニングが中心でした。

21世紀は他社と違ったユニークで面白みのあるビジョン、チーム全員が自らをビジョン実現に向けて自ら考え、行動するアクション、上下、左右、内外などあらゆる方向でのラーニングが必要となってきます。

また、前述の3つの変化の影響で、かつて行われていたような、リーダーが指示命令を出し、メンバーがそれにその通り従うといったチーム・リーダーシップは通用しなくなってきており、新しい形のチーム・リーダーシップが求められてきます。

これまで以上に、個人の力からチームの力の活用へ、個人学習からチーム学習が重要な要素となります。

（詳しくは、第3章にて解説）

(3) グローバル・リーダーシップ（世界を理解、リードする）

前述の3つの変化により、今後、さらに重要となってくるのが、世界に対するグローバル・リーダーシップです。世界の経済、顧客、競争相手や関係者を見て、考え、理解し、行動するリーダーシップです。

例えば、ある地域の喫茶店の競争相手が、かつては同地域の他の喫茶店だけであったものが、今やドトールコーヒーなどの全国展開するコーヒー・チェーンとなったり、また、全世界展開をするスターバックスコーヒーやタリーズコーヒーなども競争相手となってきています。

テレビ、オーディオなどの電気製品においてかつては、パナソニックの競争相手はソニー、日立、東芝などをはじめとする日本企業が中心でしたが、今や、韓国企業のサムスン、LG電子、中国企業のハイアールなども含め、全世界の企業が競争相手となってきました。

つまり、以前は、競争相手はその地域の企業や国内の企業でしたが、今は、全世界のどこから競争相手が出てくるか、まったく予想できなくなっているのです。

これまでは、経営者や一部の海外ビジネスにかかわる人がグローバルを考えていればよかったものが、21世紀は、すべての人たちがこのグローバルをみていかなければ勝ち残っていけませんし、また、逆にグローバル化をうまく活用することで、これまでは考えられなかったような世界規模での大きなチャンスを狙えるようになってきました。

（詳しくは、第4章にて解説）

（4）ソーシャル・リーダーシップ（社会を理解、リードする）

　最近、数々の食品偽装などの問題、金融の問題、また、地球温暖化、エネルギー問題など、社会的な問題が、日本・世界で多発しています。

　このような社会的な問題の重要な要素となっているのが、リーダーシップの問題です。

　リーダーシップの善し悪しによって、このような問題が発生するか、解消されるか、に大きなインパクトを及ぼしています。

　富士ゼロックスの社長を務められた宮原 明氏に「全ての人はよきビジネス・リーダー、ビジネス・パースンである以前に、よき社会人でなければならない」と教えていただきました。

　全ての人がよき社会人として社会全体を見て、考え、行動していく必要があります。

　また、リーダーはチームメンバー全員にこのようなソーシャル・マインドを浸透していく必要があります。

　ソーシャル・リーダーシップは、この本の最終章でありますが、他のリーダーシップの大前提となるリーダーシップです。

　（詳しくは、第5章にて解説）

図表1—2

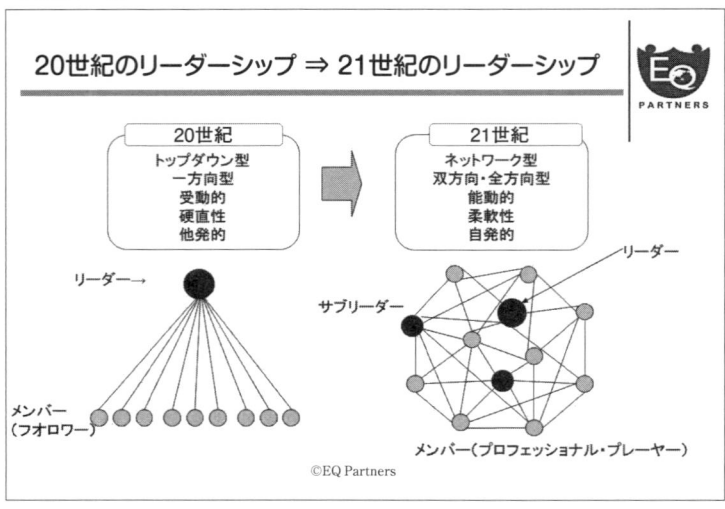

図表1—3

第2章 セルフ・リーダーシップ

2—1 セルフ・リーダーシップとは何か？(WHAT)
2—2 なぜ、セルフ・リーダーシップが必要か？(WHY)
2—3 どのようにセルフ・リーダーシップを実践するのか？
 (HOW)
 (1) 方向づけ①（自分自身を理解する）
 (2) 方向づけ②（自分自身をリードする）

2—4 セルフ・リーダーシップの要素
 (1) セルフ・リーダーシップのための行動(TO DO)モデル
 (2) セルフ・リーダーシップのあり方(TO BE)モデル

● column ●
【1】 なぜフィードバックを受けることが重要なのか―リーダーシップ開発のための鏡―
【2】 自分のやりたいことを見つける―栄光の瞬間―
【3】 動けないときに、どう動くか？

第2章　セルフ・リーダーシップ
―自分自身をリードするリーダーシップ―

2—1　セルフ・リーダーシップとは何か？（WHAT）

　本書においては、全体を通じて、「リーダーシップ」とは、「自分自身・チーム・世界・社会をより良い方向へ導くこと」と定義します。

　前章でも述べましたが、リーダーシップには、4つのレベルがあります。①セルフ・リーダーシップ（自分自身をリードするリーダーシップ）、②チーム・リーダーシップ（チームをリードするリーダーシップ）、③グローバル・リーダーシップ（世界をリードするリーダーシップ）、④ソーシャル・リーダーシップ（社会をリードするリーダーシップ）です。

　本章では、まず自分自身をリードするリーダーシップ、「セルフ・リーダーシップ」について述べていきたいと思います。

　セルフ・リーダーシップとは、「自分自身を目標実現・価値創造に向け、よい方向へリードする力」のことです。自分自身が何を実現したいのかという夢や将来ビジョン、大切にしたい価値観を理解し、また一方で、現状の自分自身の強み

や弱み、好きなことや嫌いなことがどのようなものであるのか理解し、これらをしっかりと見極めて、自分自身をさらにより良い方向へリードすることです。

2—2 なぜ、セルフ・リーダーシップが必要か？（WHY）

20世紀と21世紀では、自分自身をリードするというセルフ・リーダーシップについてのあり方が大きく変化しています。20世紀には、多くの場合、社会、会社、組織、自分の上司などが自分の進むべき方向をある程度リードしてくれました。日本では、企業において、年功序列、終身雇用制が一般的であったため、新入社員から中堅社員、管理職、経営職などに至るまで、そのルートがある程度決まっており、それに沿って社会人として成長していけばよかった時代でした。

また、20世紀は、21世紀と比較して、ビジネス環境もこれほど複雑ではなく、変化のスピードも遅かったため、方向の見直しや修正はそれほど行わずとも問題はありませんでした。ところが21世紀は、20世紀と比べ、変化のスピードが格段に速くなり、社会や組織のあり方が比べようもなく複雑となり、状況の変化や自分の立ち位置をよく理解し、自分自身をリードしていないと、インターネット化、グローバル化、多様化・複雑化しているビジネス環境の中では、その変化に押し流されてしまうこともあります。

逆に、そのような環境を見極め、自分自身をしっかりとリードすると、インターネット化、グローバル化、多様化の3つの変化を味方として、セルフ・リーダーシップを実に効果的に発揮できるようになります。

図表2—1

【21世紀】

| ・インターネット化
・グローバル化　　➡
・多様化 | ・自己基盤の確立
・チーム・リーダーシップの基軸
・変化に対応した変革 |

　一般に、リーダーシップというと、メンバーやチームを導くという他者に対するリーダーシップという意味で理解されがちではないでしょうか。

　しかしながら、他人に対してリーダーシップを発揮する前に、まず自分自身に対してリーダーシップを発揮していく必要があります。なぜなら、自分自身をよく理解し、リードし、そして自己の基盤をしっかり持っていないと、時として、自分の行動や決断に対して自信が持てなくなったり、メンバーやチームに対するリーダーシップの方向性がぶれてしまうことがあります。また、時として、メンバーに対して言うことが二転三転してしまったり、リーダーとしての判断を誤ったりして、メンバーに迷いを生じさせてしまう結果になることもあります。

　逆に、自分自身をしっかりと理解、リードできていると、自分自身、主体的にビジネスに取り組めるようになり、また、チームに対しても軸がぶれないリーダーシップを発揮することができるようになります。

　自分自身の基軸がぶれてしまうと、「あのリーダーはやっていることに自信がなさそうだ」、「あのリーダーは、言うことが時と場合によってよく変わり、一貫性がない」、「確かに

言っていることはもっともだと思うけれど、本人自身はその通りに実践していない」、「あのリーダーには心情的についていきたいとは思えない」、「あのリーダーは人間的に信頼できない」、「あのようなリーダーにはなりたくない」などの声をチームのメンバーから聞くことがあります。このような場合、いかにリーダーがメンバーやチームに対して正論を唱えてもメンバーはついてきませんし、そんな状態でチームを目標実現に導いていくことはできません。企業などにおいて、2人のリーダーがまったく同じことを指示したとしても、あるリーダーにはメンバーがついていくし、もう一方のリーダーのほうには、メンバーがついてこないというケースもよくあります。

　逆に、しっかりと自分を理解し、リードできているリーダーに対しては、メンバーは、「決して軸がぶれない」、「頼りがいがある」、「信頼できる」、「ぜひ一緒にやっていきたい」などと感じます。

　リーダーはチームをリードする以前に、まずは自分自身を正しく理解し、リードできていなくてはならないのです。

　具体的には、リーダー自身がどのようなミッション（使命・目的）、ビジョン（将来像）、バリュー（価値観）などを持っているのか、実際に実践、行動しているのか、そして、自分自身の実践を振り返りながら学ぶ、何かテーマを決めて本などから学ぶ、他人から指導を受けるなど、常に学び続け、成長しているか、などです。

　私が知っている、リーダーシップの達人たちは、皆自分自身に対するセルフ・リーダーシップを効果的に発揮しています。自分自身を理解、リードするセルフ・リーダーシップが

できていないのに、メンバーへのチーム・リーダーシップなど発揮できません。自分自身すら正しく理解、リードできないのに、他人（メンバー）を理解、リードできるはずはないのです。

　中国の思想家である孔子は次のような名言を残しています。
　「他人を知ることは、知なり、自分を知ることは、賢なり」
　（他人を知ることも重要であるが、自分自身を知ることは、さらに重要であるという意味。）

2—3　どのようにセルフ・リーダーシップを実践するのか？（HOW）

　では、「リーダーシップの基盤となるセルフ・リーダーシップをどのように実践すればよいのでしょうか？」
　4つのレベルのリーダーシップ（セルフ・チーム・グローバル・ソーシャル）の実践には、すべて①方向（づけ）、②実行、③学習の3つのサイクルがその重要な要素となります。
　すなわち、まず方向性を創り出し、その方向性に向かって実行し、その実行などを通じて学習する。そして、その学んだことから、またより良い方向性を創り出し、実践し、また学習する、を次々に繰り返すというものです。

（1）方向づけ①（自分自身を理解する）

　まずは、自分自身を多面的に、また深く理解することです。自分自身を理解するには、自分の過去の出来事、その出来事のとき、どう思い、どう感じていたかなどを振り返り、「何

が自分の強み・特徴か？」、「何が弱み・改善点か？」、「何が好きなのか？」、「何が嫌いなのか？」、「何が自分にとって大切な価値観か？」、「自分の使命は何か？」などの問いを通じて自分自身、自分らしさを発見、確認していくことです。

●自分の過去（歴史）から知る

たとえば、世界のこと、それぞれの国のことを理解するために、その歴史を学ぶことが大切であることと同様に、自分を知るためには、自分のこれまでの経験を振り返ることが効果的です。

具体的には、これまでのビジネスやプライベートでの経験の中で、自分なりに満足度・充実度が高かった体験ベスト3を挙げてみる。そして、それがなぜ高かったのか、その理由を考えてみるとよいでしょう。

図表2―2

【満足度・充実度の高かった経験・出来事】	【その理由】
例）Aプロジェクトの成功	例）初めての経験で高いハードルだったが、困難を乗り越え、成し遂げることができたから。
・	・
・	・
・	・

次に、自分史曲線(自分の歴史曲線)を描いて、自分にとって重要な価値観を知るという具体的な方法をご紹介します。

これは、自分が生まれてから、小学生・中学生・高校生の頃から現在に至るまでの時間軸(年齢軸)に沿って、自分の充実度や満足度を曲線で書く方法です。

たとえば、高校でクラブ活動を一所懸命やっていたときには充実度が高かったが、大学に入ると友達ができずに孤立してしまって充実度が低くなり、社会人になってから一所懸命仕事をすることによって充実度が上がったが、その後、仕事仲間とうまくいかずに後ろ向きになっていた時期には充実度

図表2—3

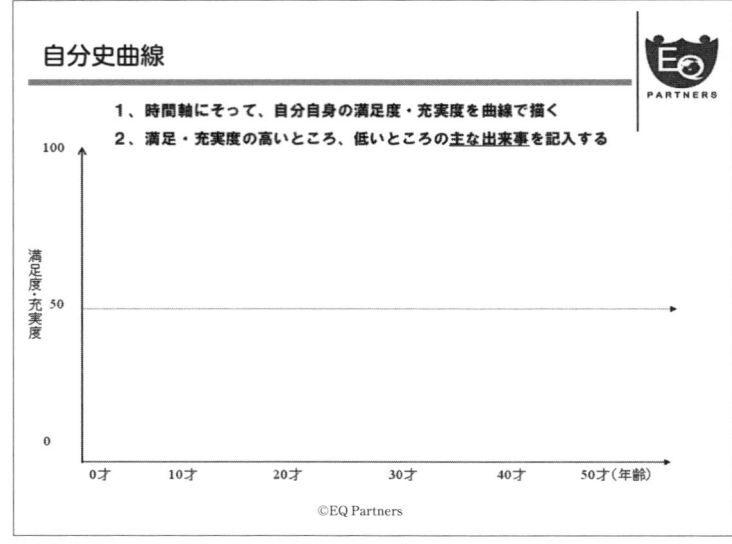

が低かった……など、時期によって充実度の高いとき、低いときがあることがわかると思います。

　曲線を描くときには、そのときの主な出来事も書いていきます。そうすることで、なぜそのとき充実度が高かったのか／低かったのかを分析することができます。たとえば、自分は一人で物事に全力で取り組んでいるときに充実度が高いとか、チームで行動しているときに高いなど、自分の価値観がみえてきます。

　自分史曲線を描くことによって、充実度が高い／低い原因を見つけることができ、自分が何によって充実感や満足感を得られるのかを理解することができます。

　この自分史曲線は充実度が高い、低いという絶対値ではなく、浮き沈みの傾向を見ていきます。特に上がっているところ、下がっているところを確認することが大事です。曲線は、あまり深く考えすぎずに、直感的に、自由に描いてください。

　自分史曲線を描いたら、わかったことを書き出してみてください。ターニングポイント（変化する点）で気がついたことや学んだこと、そこからわかった自分の大事にしたいことや価値観などを記入していくとよいでしょう。

●強み＆弱み、好きなこと＆嫌いなこと（自分らしさ）を知る

　人には誰でも、ビジネス経験上の強みと弱み、性格上の強みと弱みがありますが、これを深く分析していくと、自分自身に対する理解が深まります。

　たとえば筆者の場合、大手電機メーカーでの営業や海外貿易の経験・スキルがスキル上の強みです。逆に、ビジネス上

の弱みは、経営、経理や管理にあまり経験がなかったことです。性格上では、自分自身では新しいことに挑戦したり、新たなことや面白いことを発想したりするところが強みだと思っていますし、逆に、きっちりと着実に決まったことを計画的に実行していくことは苦手なので弱みとなります。

　このように、ビジネス経験上の強みと弱み、また性格上の強みと弱みを、なるべく多く、それぞれ5個から10個くらい挙げてみてください。

　強みと弱みがなかなか出てこない人もいるかもしれませんが、そのような人にお薦めしたいのは、周りの人に聞いてみることです。上司、同僚、部下、家族や友人などからフィードバックを受けるとよいでしょう。

　企業や大学でのセルフ・リーダーシップ開発においては、「360度フィードバック」という、上司、同僚、部下など自分の周りの人たちからフィードバックを得るという手法を活用します。具体的には、まず自分で自分自身の強みや弱みを書き出します。と同時に、自分の上司、同僚、部下などから自分自身の強みや弱みを（できれば、誰が書いたかわからないように匿名で）書き出してもらい、客観的なフィードバックを受けます。

　このような他者からのフィードバックは、多くの人にとって、通常、大きな気づきがあります。「なんとなくそう思っていたが、なるほど、やはり周りからもそう見られていたのか」、「周りの人たちはよく見ているな」、「自分では思ってもみなかったが、周りの人から見ると、そんな強みや弱みがあったのか」などさまざまですが、いずれにしても、自分自身を客観的に理解する上で、たいへん大きな効果があります。

強み・弱みと同時に、好きなこと・嫌いなことという感情的な内容も考慮すべき要素です。

「好き嫌いをビジネスに持ち込むべきではない」と言う人がいるかもしれませんが、実際に、多くのビジネスパーソンの方々とお付き合いさせていただくと、それぞれすべての人が、多かれ少なかれ、好きなこと、嫌いなことを持っています。多くの人の場合、自分自身が好きなことをやっているときのほうが、嫌いなことをやっているときよりも、本人が愉しくやっているだけでなく、高いパフォーマンスを上げているようです。

人は、好きなことには生き生きとして取り組んだり、理屈抜きに愉しむことにより、成果が出やすくなります。逆に、嫌いなことには我慢して取り組む人がほとんどですが、憂鬱だったり、成果が出にくかったりします。

人間には感情があるため、好きなことと嫌いなことがあります。それを理解し、うまくリードすることも、セルフ・リーダーシップにとって効果を上げ、目標を実現するためには重要な要素です。

先ほどと少し重複しますが、筆者は新しいことをすること、人がやっていないことをすること、自分で自由に考えて実践することが大好きです。反対に、誰でもできること、当たり前のこと、人から指示命令されてやることは、あまり好きではありません。また、私はいろいろな人と一緒にワイワイガヤガヤとチームになってやることが好きです。逆に、ずっと一人で黙々とやることは嫌いです。こういった自分の好きなこと嫌いなことをみていくことも、自分を理解するうえで非常に大事なことではないかと思います。

また、仮に嫌いなことに取り組むときにもただ嫌だと思わずに、そのことについての意義やたのしみを見出しながら、打ち込んでいくことも大切です。それが成果や自分自身の成長にも影響してきます。

　「自分自身が最も大切にしたい価値観は何でしょうか？」
　「自分をリードするにあたって、どんなことがあってもこれだけは譲れないというものは何でしょうか？」

(2) 方向づけ②（自分自身をリードする）
　自分の過去や現在を振り返り、自分の強み・弱み、好きなこと・嫌いなこと、価値観を認識できたら、今度は自分自身の将来の夢やビジョン、使命感などを考えていきます。
　そのときの一つのやり方が、「マイ・リーダーシップ・ビ

図表2—4　マイ・リーダーシップ・ビジョン

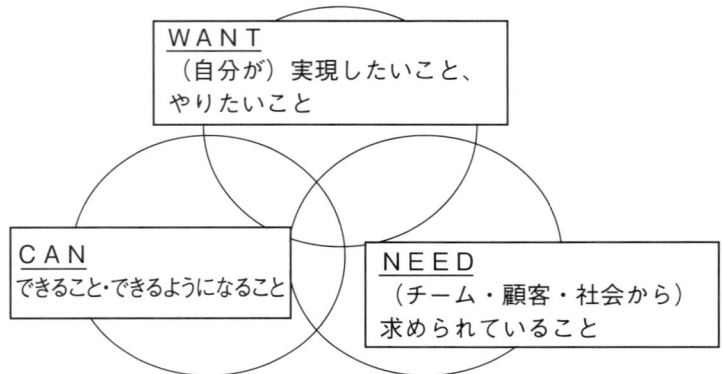

ジョン」です。

　図の上のWANTの部分は、やりたいという意志を持っていることを表す領域で、「好きなこと」と関係してきます。まずは、実現したいこと、やりたいことを考えることからスタートすることがよいと思います。

　左下のCANのエリアは、できること、または、今はできなくとも将来できるようになる可能性があることを表す領域です。ここは自分の「強み」に関係してくる分野です。このWANTとCANの重なる部分を深く考えていくことです。

　しかしながら、"できる（強み）"と"やりたい（好きなこと）"だけでは、ビジョンを作り上げるうえで不十分であり、もう一つ要素が必要です。それが右下のNEEDの部分で、チームや会社、あるいは社会から、自分自身が求められていることを表す領域です。

　こういうことをやりたい、実現したいということ（WANT）と、自分自身ができること（CAN）、そして求められていること（NEED）の、3つの部分が重なったところが、自分自身にとって可能なことで、やりたいと思っていて、周りからも求められていることであり、最も力を発揮できる分野になります。ビジョンを決める際は、できること、やりたいこと、求められていることの3つの要素を考えながら作り上げていくとよいと思います。

　筆者の場合はこうです。企業を辞めて独立したとき、日本、アジア、世界の「リーダーシップ開発」に取り組んでみたいと考えました。

　その時点では、企業の営業、マーケティング部門で、メン

バーに対してリーダーシップを発揮していたなど自分自身のビジネス経験はあったものの、「リーダーシップ」について体系的に、また、他人に教えられるほどの知識やノウハウは持ち合わせていませんでした。

しかしながら、将来、自分がリーダーシップについて一所懸命勉強し、さまざまなリーダーの研究を行うことによって、リーダーシップの体系をまとめて人に伝えることができる可能性があると考えていました（CAN）。

また、自分自身の過去を振り返ってみると、子供の頃から、野口英世、坂本竜馬、ガンジーやシュバイツァーといった偉人の伝記を読んだり、パナソニックの創業者松下幸之助氏やホンダの創業者本田宗一郎氏といった日本企業のリーダーについて勉強したりすることがとても好きでした（WANT）。

さらに、日本でも海外でも、また企業においても、リーダーの発揮するリーダーシップの良し悪しによって、その国や企業、チームが成功したり、失敗したり、また成長したり、停滞したり、非常に大きな影響を受けるということをみてきました。

現在は、世界経済のグローバル化や全世界でのインターネット技術の普及などにより、変化の激しい時代となり、社会やチームもより複雑化し、正しい方向性にチームを導くことができるリーダーが一人でも多く求められる時代になってきています。リーダーシップ開発という仕事は今後、社会から求められる分野だと思っていましたし、また、日本よりも人材開発の分野で先行している欧米などでも人材開発、リーダーシップ開発が重要視され、そのニーズが年々高まっていることも知りました（NEED）。

第2章 セルフ・リーダーシップ

このようなことから、日本、アジア、世界の「リーダーシップ開発」こそ、自分ができるようになること（CAN）、やりたいこと（WANT）、求められていること（NEED）と合致するものであると思い、筆者は自分自身のビジョンとして、そこに焦点を当てて、自分なりに全力で取り組み、また今後も、さらに打ち込んでいきたいと考えています。

「あなたの、①やりたいこと（WANT）、②できること（CAN）、③求められていること（NEED）は何でしょうか？」
「あなた自身のビジョン（将来像）は何でしょうか？」

2—4 セルフ・リーダーシップの要素

(1) セルフ・リーダーシップのための行動（TO DO）モデル
① GROWモデル

では、実際にどのようにしてセルフ・リーダーシップを発揮していけばいいのか、ということになりますが、ここで「GROWモデル」というリーダーシップを開発する方法をご紹介します。

GROWモデルの名称は、リーダーシップを開発するうえで必要な各要素の英語の頭文字を取ったものです。目指すべきビジョンやゴール（Goal）のG、自分の強み・弱み、好きなこと・嫌いなことの現状把握（Reality）のR、どうやってゴールと現状のギャップを埋めていくか、その行動プラン

図表2—5

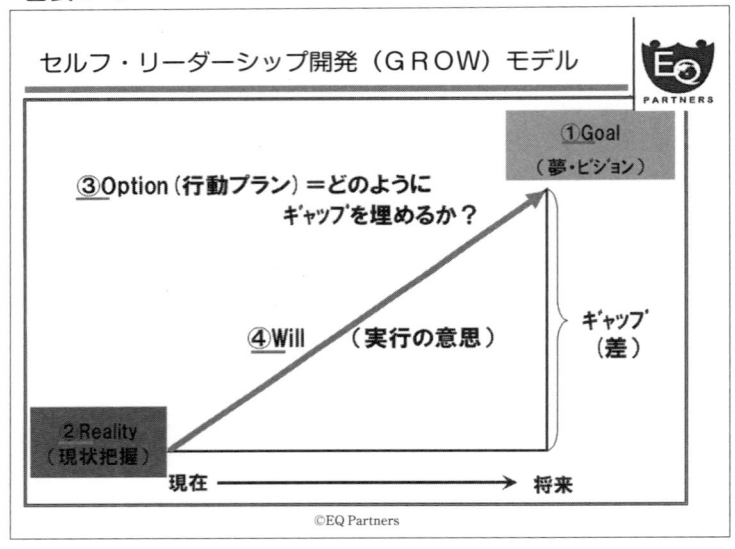

セルフ・リーダーシップ開発（GROW）モデル

- ①Goal（夢・ビジョン）
- ③Option（行動プラン）＝どのようにギャップを埋めるか？
- ④Will（実行の意思）
- ②Reality（現状把握）
- ギャップ（差）
- 現在 → 将来

©EQ Partners

（Option）のO、そして、実行の意思（Will）のWです。このG、R、O、Wの4つの頭文字を取って、GROWモデルと呼んでいます。英語の「成長する」という意味から、リーダーシップ成長モデルということでもあります。

　ステップ1（Goal）で、自分が目指したいゴールやビジョン、3年後や5年後、場合によっては10年後、どういう姿になりたいかというゴールを考えます。そしてステップ2（Reality）で、現状をみます。現状の強みや弱みをみていくと、当然ゴールとの間にギャップ（差）があるはずです。その差をどうやって埋めていくのかということが、ステップ3

(Option) の行動プランになります。

目標と現状を見ながら、行動プランを作ります。たとえば、自分が将来、海外で活躍したいという目標を立てた場合、現状では英語力が足りないということであれば、英語をこの1年でどの程度のレベルまで向上させていくのか、あるいは海外でビジネスをやりたい場合には海外の人脈も必要になりますので、現状でその人脈が不足しているのであれば、その人脈をどうやって形成していくのか、などの行動プランを作っていきます。

そして最後のステップ4（Will）で、実行の意思を確認します。人が実際に行動を起こすには、気持ち、思いが非常に重要です。ゴールと現状を確認して、行動プランを作ってみて、それを実現していくことに対して気持ちが込もっているか、思いが入っているかは非常に重要です。

このGROWモデルを、常日頃、繰り返し実践するとよいでしょう。自分自身のゴールの確認、現状の確認、行動プランの確認、意思の確認を、なるべく頻繁に行ってください。セルフ・リーダーシップの達人たちをみてみると、目標を自分で書いていたり、常に思い起こしたりして、自然とこのGROWモデルを実践されている方が多いようです。

② セルフ・リーダーシップ開発方法

次に、セルフ・リーダーシップの開発を進めるにあたっての開発法をご紹介します。

まず、出発点は「リーダーシップの基本を押さえる」ことです。スポーツや武術を習得する場合と同じですが、まずは基本を身につけることが不可欠です。基本を身につけずに水

泳や剣道などをいくらやっても上達が遅れたり限界がきてしまいます。リーダーシップに関しても同様です。リーダーシップとは何をすることなのか、どうすればよいのか、何をしてはいけないのか、など基本的な部分を、本書ではいくつか押さえていきたいと思います。

　筆者自身、企業の香港駐在員となった最初の頃、現地のメンバーに対し、正しいリーダーシップを発揮すべき立場にあったにもかかわらず、それまで日本での自分なりの経験はあったものの、「リーダーシップ」とは何をすべきなのか、何をしてはいけないのか、などの基本を押さえておらず、まさに「我流のリーダーシップ」を発揮することで、当初現地メンバーとうまくいかず、失敗を繰り返しました。

　このとき、もう少しリーダーシップの基本を押さえておけば、より良いリーダーシップを発揮し、より良いチームづくり、ビジネス推進ができたのではないかと思っています。

　2つ目として、前節でも述べましたが、自分自身を知ることが大事です。自分自身で考えたり、人からフィードバックを受けたりしながらやっていくことがセルフ・リーダーシップを高めます。

　先ほど中国の孔子の言葉を紹介しましたが、ソクラテスも「汝自身を知れ」と、自分を知ることが非常に重要なことであるということを言っています。

　リーダーシップを高める方法の3つ目として、人から学ぶことも重要です。

　人は、周りの人との関係の中で成長をしていくものですから、人から学ぶことができます。会社の上司や先輩、同僚、また部下などから教えてもらったりフィードバックを受けた

りして学んでいくことです。また、メンター（相談相手）を持つことによって、自分の仕事のやり方や進む道で悩んだときや困ったときに、相談に乗ってもらうことができます。たとえば、会社の以前の上司や先輩、学校の先輩や同級生、経験のある年長者などに相談に乗ってもらうことは大切なことだろうと思います。

　経営やリーダーシップに関するベストセラーである『ビジョナリーカンパニー』の著者スタンフォード大学教授のジェームズ・コリンズ氏は、リーダーシップ開発において最も重要な手段の一つは、メンターから学ぶことであると言っています。コリンズ氏自身、偉大な経営学者といわれるピーター・ドラッカー氏をメンターとして、相談し、決して答えを教えてもらわなくとも、質問を投げかけてもらったりすることで新たな気づきを得たり、再認識したり、自分自身成長してきたと言っています。

　また、GEの元CEOのジャック・ウェルチ氏も、複数のメンターを持っていたそうです。この分野であったらこの人というように、それぞれの分野に応じてメンターがいたようです。また、ある調査によると、日本の企業の経営者の8割以上がなんらかの相談相手（メンター）を持っていて、相談をしているという報告もあります。ジャック・ウェルチ氏のような経営者や日本の多くの経営者でも、自分自身で考えるだけではなく、メンターに相談しながら自分自身を成長させていたのです。同じことを、ぜひ皆さんにもお薦めしたいと思います。

　また、メンターと似た手法ですが、コーチに協力してもらうのもよいでしょう。"経験を教えてもらう"、"アドバイス

をもらう"などの人生またビジネスの先輩であり、より多くの経験・スキル・ノウハウなどをもつメンターとは違い、コーチは経験・スキル・ノウハウに関わらず"自分の中にあるものを引き出させ、整理させる"という役割になります。コーチに話を聞いてもらったり、いろいろな質問をしてもらうことによって、自分自身について考えたり、理解を深めたり、学んだりすることができます。このように、人から学ぶということも大事なポイントです。

　筆者自身も複数のメンター、コーチに相談することにより、自分自身のリーダーシップを高めるよう、日々、努力挑戦しているつもりです。

　基本を押さえて、自分自身を知って、人から学んでいきますが、何よりも重要なのが、行動・実践していくことです。いかにすばらしい考え方、発想を持っていても、何も行動しなければ成果はゼロです。中には、大変すばらしい考え方をもっており、すばらしいことを言っていても、いっこうに行動しない人もいます。そのような人は、いつまでたってもリーダーとして成長しないばかりでなく、人からも信頼されず相手にされなくなってしまいます。私がこれまで見てきたリーダーたちは、皆、間違いなく実践家です。多少先行きが見えなくとも、又、困難に直面しても、失敗しても、行動・実践しなんとか乗りこえていきます。「成果＝考え方×　行動」という掛け算で表されるものですので、どんなにいい考え方を持っていても、行動がゼロであれば成果もゼロになります。

　リーダーは決して考えるだけの評論家ではなく、実践家である必要があります。行動・実践するということも、当然な

がら欠かせません。本気で考え、行動、実践した経験こそが、自分のこの上ない、最良の教科書であろうと思います。

誰もが自分自身の経験という教科書は持っていますが、その教科書を充分活用しているか、そうではないのかは、リーダーとしての成長に大きく影響を与えます。

自分なりに深く考え、行動をしてみる。そして、振り返ってみて、なぜうまくいったのか／うまくいかなかったのか、次はどうすればいいのか、などを繰り返し考えていく振り返りのサイクルが非常に大事ではないかと思います。

優れたリーダーといわれる人をみていますと、深く考え、軽快に行動する、そしてまた深く考える、というサイクルを繰り返し行っています。たとえば、明治初期に、東京証券取引所、第一国立銀行、東京ガス、東京海上火災、王子製紙などをはじめとする500以上の企業設立に関与した日本の資本主義の父といわれる渋沢栄一氏も、毎日一日の終わりに、今日どのような行動をとったのか、結果どうだったか、今後どうすればいいのかと、常に振り返っていたそうです。

その自分の経験、考え方の中から、学び、また、より良くするための行動を考えていきます。これは、実に地道で、根気を要することですが、習慣化し、繰り返していくと、セルフ・リーダーシップの開発に大きな効果を発揮します。

また、企業の経営者には、日記を書くなどして自分の行動を振り返っている方もいます。考えて、行動して、また振り返るということを常に繰り返すことによって、自分自身のリーダーシップを高めているのです。

「自分自身のことをよく理解していますか？」

「考えるだけではなく、行動、実践していますか？」
「日々の行動を謙虚に振り返り、次の行動につなげていますか？」

図表2—6

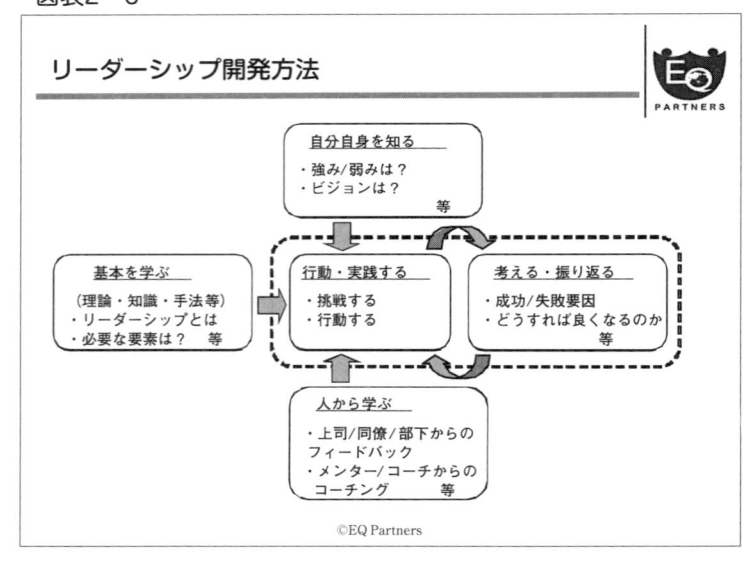

リーダーシップ開発方法

自分自身を知る
- 強み/弱みは？
- ビジョンは？　等

基本を学ぶ
（理論・知識・手法等）
- リーダーシップとは
- 必要な要素は？　等

行動・実践する
- 挑戦する
- 行動する

考える・振り返る
- 成功/失敗要因
- どうすれば良くなるのか　等

人から学ぶ
- 上司/同僚/部下からのフィードバック
- メンター/コーチからのコーチング　等

©EQ Partners

（2）セルフ・リーダーシップのあり方（TO BE）モデル

これまで、セルフ・リーダーシップの行動（TO DO）モデルについて述べてきましたが、この行動モデルを支える基礎部分となるのが、あり方（TO BE）モデルです。

木にたとえると、幹や枝葉、果実は行動（TO DO）モデル、それを地中で支える根っこにあたる部分が、あり方

(TO BE) モデルです。

リーダーシップ行動を、見えない部分でしっかりと支えているのが、このあり方（TO BE）モデルです。大木でもしっかりとした根っこがなければ、いくらいい葉、果実を実らせようとしても、途中で倒れてしまったり、成長できなかったりするように、リーダーシップにおいて行動モデルと同時に、あり方モデルが欠かせません。

大きな幹・枝葉、実をつけるには、しっかりとした根っこが必要なのと同じように、大きなビジョンを描き、実践していくには、しっかりとしたあり方を確立することが欠かせません。

セルフ・リーダーシップのTO BE（あり方）モデルは次の3要素です。

①強さ
②やさしさ
③おもしろさ

これらの要素は、富士ゼロックス社の社長を6年間務められ、数万人の社員をリードしてきた経営者の宮原明氏に教えていただいたものです。

宮原氏は自分自身の社員、管理職、そして経営者としての豊富な経験、また、多くの政財界のリーダーとの付き合いなどを通じて、これらの要素がリーダーのあり方として欠かせないものだと指摘しています。

① 強さ

前述のように21世紀はインターネット化、グローバル化、多様化の3つの変化の影響を受け、社内外のビジネス環境は

どんな影響を受けるか、予測ができないケース、又、2007年以降のサブプライム問題、世界金融経済危機のように突然、大きく環境が変化してしまうこともあります。

　そのような中、リーダーは強くなければ、良いとき、悪いときなどさまざまな局面があるビジネスにおいて、生き残り、勝ち残っていくことが難しくなります。ビジネスは競争相手（他社など）との競争です。自分たちもそうですが、相手（他社）も真剣勝負で挑戦してきます。

　そのような状況の中、自分自身の強みをしっかりと見極め、その強みを最大化していくことが欠かせません。では、その強さはどのようにして実現するのでしょうか。

　リーダーシップにおける強さは、単に高い地位や権力を得て、それを振りかざしたりすることで実現するものではありません。

　パナソニック（当時松下電器）を変革に導いた中村邦夫前社長は、2002年3月期で4310億円という巨額の赤字を出したパナソニックを、リーダーとして自分が中心となって何が何でも復活させるという強い覚悟と使命感を持って企業変革に取り組みました。

　その後、中村氏の次の社長として、90年の歴史をもつ「松下」という社名をパナソニックに変える、など、変革をさらに加速させている大坪氏にも、リーダーとしての強い決意、覚悟が感じられます。また、NECグループのS取締役も、「リーダーには覚悟が必要で、（いい意味で）人は開き直ると、怖いものはなくなる」とご自身のビジネス経験から言われていました。

　このようにリーダーとしての強さというのは、単に表面的

に強そうにふるまうなどではなくその人の内面から湧き出る信念、確信、覚悟などから出てくるものです。そしてこのようなものから、さまざまな局面のあるビジネスにおいて、何があっても動じない自己の強さが出てくるものなのです。

また、その強さを極めていくには、「出世、給与、名誉などといった自分自身の利得のためにビジネスを行う」というよりも、「他人のために」、「お客様のために」、「チームのために」、「社会のために」行っているということをまず考えていくと、その強さは実に強力なものとなります。

上掲の中村氏、大坪氏などは、決して自分自身の地位や名誉のために、自分の利得を上げるためにという「利己心」ではなく、「企業のため」、「社会のため」という「公の精神」がうかがえます。その「利己」よりも「公」を追求することから、真の揺るぎない強さ、自信が生まれてくるものです。

② やさしさ

強さと併せて、リーダーにはやさしさが必要となります。メンバーはリーダーの強さだけではなく、その人間的なやさしさに惹かれ、ついていこう、一緒にやっていこう、と思うものです。

日本IBMの社長を務められた北城恪太郎氏は、リーダーとして数万人の社員をリードしてきましたが、リーダーとしての強さはもちろんのこと、やさしさを兼ね備えたリーダーです。管理者や社員、顧客、関係者、学生など、あらゆる人に対して、やさしい細やかな気配りを欠かさない方です。実際にお会いして会話させていただくと、そのやさしさがにじみ出てくるような感覚をうけます。

北城氏は、オープンに、やさしさを持って多くの人に接するため、社内外のいろいろな生きた情報が集まってきて、それがIBMでのビジネスの成功につながっていたということです。
　また、BMW、ダイエー、日産グループの経営を担ってきた林文子氏も、強い信念に基づく強さとメンバーを包み込むようなやさしさを兼ね備えたリーダーです。
　メンバーはリーダーに対して、強さだけではなくやさしさを求め、強さとやさしさを兼ね備えたリーダーを尊敬し、ついていきたいと思うものです。
　また、リーダーにとって大事なことは、リーダーとして決断、行動するにあたって、さまざまな生きた情報、特に悪い情報が入ってくるかどうかです。リーダーとして、より良い判断をするためには、どんな悪い情報も受け入れる度量の大きさややさしさがあってこそ、メンバーとのオープンなコミュニケーションがとれます。

③　おもしろさ
　「強さ」、「やさしさ」に加え、3つ目の要素は、「おもしろさ」です。これは自分自身がビジネスや人生に関して、おもしろさを感じることです。
　ビジネスにおいては、顧客への最大限の価値を提供することが必要ですし、競争相手も真剣勝負で戦ってくるため、基本的に、厳しく、つらい面も多くあります。
　しかしながら、優れたリーダーシップの達人たちは、たとえどんなに厳しいビジネスであっても、そこにビジネスとしてのおもしろみを見つけ出して、集中、挑戦しています。ど

んなに難しい局面であったとしても、物事をおもしろい、興味深い、やってみようと前向きに捉え、「ひとつやってみよう」、「挑戦してみよう」と考えています。

前出の北城氏は、「<u>あ</u>かるく、<u>た</u>のしく、<u>ま</u>えむきに（あ・た・ま）」をモットーとされており、また、社員にも、そのようにビジネスに取り組むよう指導しています。

当時、コンビニエンスストアへの銀行端末の導入にあたって、「あかるく、たのしく、まえむきに」、すなわち、おもしろく取り組んでいくことで、数々の困難を乗り越え、コンビニエンスストアへのIBM製のATM（現金自動預け払い機）導入などを成功させてきました。

その北城氏に指導を受けてきた、IBMのY氏も、ビジネスにおいて「おもしろさ」にこだわっている一人です。同社の中でも業績が最下位に近かった支店を担当したY氏は、「おもしろく」、具体的には、「（どうせなら）世界平和のために（おもしろく）ビジネスをしよう！」というあり方を支店に浸透させることで、ほとんど最下位だった支店を、数年後には日本IBMの中で最も業績の良い支店に導きました。

前出の宮原氏は、「強さ、やさしさ、おもしろさ」はともにリーダーシップの<u>重要な要素</u>であるが、その中でまず最初にくるのは、この「おもしろさ」であると言われます。

すなわち、人が「おもしろさ」を感じて、そのことに心底打ち込んでいけば、そこから自然と「強さ」が生まれ、その強さをベースに、周りに対する「やさしさ」も出てくるということです。

日本の「おもしろ（い）リーダー」育成を一つのミッションとされている東洋学園大学客員教授の渕野康一氏は、どん

なことでも「やらされている」というやらされ感ではなく、「自らやっている」という主体性とそのこと自体をおもしろがる感受性が重要だと指摘しています。

　同じことをやっていても、自分がその意義をよく理解し、主体的に取り組んでいる人は、実にそのことを愉しんでいます。

　また、どんなビジネスに取り組むにも、自分の人生のかけがえのない貴重な時間を使いながら取り組むわけですから、同じ時間を使うのであれば、「おもしろく」「わくわく」「楽しみながら、時には感動」しながら取り組んでいきたいものです。

　④　正しさ

　そして、これまで述べたセルフ・リーダーシップの3要素に、「正しさ」という要素を加えたいと思います。

　リーダー自身が「うそを言わない」、「悪いことをしない」、「他人や社会に迷惑をかけることをしない」、「社会に役立つことをする」など、人間としての正しさを持つ必要があります。法令違反などはもちろんのこと、人や社会のことを考えなかったリーダーたちは、一時的にはうまくいったとしても、長い目でみると、結果失敗しているケースが多くあります。

　以前、味の素の元社長歌田勝弘氏に、「リーダーは、どのような要素を持つべきでしょうか？」という質問をさせていただいたことがあります。その際、「チームのNo.2以下は、頭の良い人でよい。ただし、どんな会社、組織でも、No.1（トップ）には、必ず、人間性（人格）のある人を置くべきである」と教えていただきました。これは、歌田氏の経験に

基づいた実に示唆に富んだアドバイスではないかと思います。これは、最終的な方向性を決めるトップに、人間としての「正しさ」がなければ、どんなに強い経営を行っても、証券取引法に違反したライブドアや村上ファンド、集団食中毒をおこした雪印などのように、社会ルール違反をしたり、世間から認められなくなったりして、結果、失敗するものです。

リーダーシップの中で、この「正しさ」という要素は、「強さ」などと比べて見落とされがちですが、この「正しさ」は、あり方モデルの基礎をなすものであります。

極論すると、この正しさを維持できないリーダー、メンバーは、ビジネスの場から退場すべきであろうと思います。

そして、「強さ、やさしさ、おもしろさ」+「正しさ」を、最初は意識をしながらだと思いますが、自分自身のものとなり、自然とそのあり方を持てるようになると、実に強力なセルフ・リーダーシップを実現することができます。

「強さ・やさしさ・おもしろさ+正しさ」というリーダー自身のあり方（TO BE）モデルを基盤として持ちながら、

ⅰ）自分自身の強み・特長を活かしながら、方向性を創り出し（方向性）、

ⅱ）とことん実践、打ち込み（実行）、

ⅲ）実践や自己学習の中から、貪欲に学び取る（学習）。

この章で述べたセルフ・リーダーシップは、リーダーであるない、部下をもっているいないなどにかかわらず、すべての人になくてはならないものです。自分自身を理解しリードするセルフ・リーダーシップを実行してください。

図表2—7　セルフ・リーダーシップのTO BE（あり方）モデル

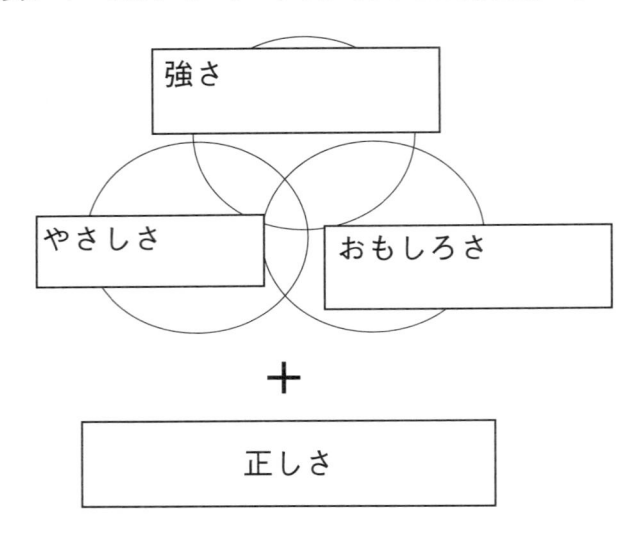

```
        ┌─────────────────┐
        │      強さ       │
        └─────────────────┘
    ┌─────────────┐   ┌─────────────────┐
    │   やさしさ  │   │   おもしろさ    │
    └─────────────┘   └─────────────────┘

              ＋

    ┌─────────────────────────────┐
    │           正しさ            │
    └─────────────────────────────┘
```

▶なぜフィードバックを受けることが重要なのか
― リーダーシップ開発のための鏡 ―

外見の姿・形であれば、自分自身を鏡に映せば、その様子、状況がすぐにわかります。

ところが、ビジネスにおいては、その鏡がありません。自分自身の行動、強み、弱みなどを客観的に知るためには、自分を客観的に見ている他者からのフィードバックを得ることが効果的です。

「ジョハリの窓」

誰でも、自分自身に関して、知っている部分と知らない部分があると思います。たとえば、自分は積極的な性格であるということを知っているとします。ところが、あまり人の気持ちを考えない、人の気持ちを気にしないという部分が、もしかしたら自分が知らないだけで、実はあるのかもしれません。このように、自分自身がよく知っている自分の性格と、自分では知らない性格とがあります。

また、他人が見る自分自身に関しても、よく知られている部分と知られていない部分があります。たとえば、自分自身の性格が積極的であるということを他人が知っているとします。しかし、確かに積極的ではあるけれど、実は本来は人見知りをする性格で、自分が努力をして積極的に行動している、となると、これは他人に知られていない部分になります。

■■■ column

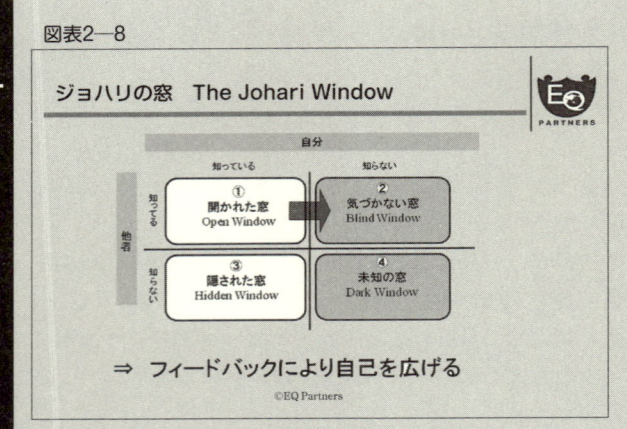

column▼▼▼1

図表2—8

ジョハリの窓　The Johari Window

自分

	知っている	知らない
他者 知ってる	① 開かれた窓 Open Window	② 気づかない窓 Blind Window
他者 知らない	③ 隠された窓 Hidden Window	④ 未知の窓 Dark Window

⇒ フィードバックにより自己を広げる

©EQ Partners

　このように、自分が知っている自分、自分が知らない自分、他人から知られている自分、他人からは知られていない自分、という4つの枠を考えていくのが「ジョハリの窓」です。

　なぜ他人からフィードバックを受けることが大事かというと、自分自身で知っている部分を広げていくことになるからです。自分は知らないけれど他人にはよく見えてわかっている部分、他人の目に映っている部分を広げていくことによって、「開かれた窓」を、より広げていくことになります。それによって、自分自身に対する"気づき"を得られます。

　孔子やソクラテスの言葉にもありますが、自分を知って広げていくことによって、自分に対する理解がより深まり、セルフ・リーダーシップを実行しやすくなるのです。

▶自分のやりたいことを見つける
―栄光の瞬間―

● ● ●

　企業などで実際に行っているセルフ・リーダーシップ開発の手法で、「栄光の瞬間」という演習があります。自分が将来、ビジネスにおいてどんなふうになっていれば、自分自身にとって最高なのか、栄光の瞬間なのか、というものをイメージするワークです。

　WHEN（いつ）、WHAT（何を）、WHY（なぜ）、HOW（どのように）と、なるべく具体的に、イメージ化していきます。

　まずは、静かな場所を選び、ゆったりと何度か深呼吸して、気持ちを落ち着けます。気持ちがゆったりと落ち着いたら、将来どうなったら素晴らしいかということを想像してみます。3年後でも5年後でも、10年後、20年後、30年後でもよいので、自分自身が「最高である」「この上ない」と感じる瞬間を考えてみてください。

　たとえば、今の事業を大きく発展させ、多くの人に祝福されているとか、自分が企画した新しいビジネスを立ち上げ、成功しているとか、大切なお客様が笑顔で喜び、感謝されている、あるいは、気の合う仲間たちと日々愉しみながら、ビジネスに挑戦しているとか、自分の能力を最大限発揮している、といったことでもいいのです。

　いずれにしても、ビジネスにおいて、その中から最も素晴らしいと思う瞬間をイメージして、なるべく鮮明に詳しく状況を書き出してみてください。また、友人や家族、同

column 2

僚などに話を聞いてもらうことも有効です。話すことで、また気づくこともあり、他の人から貴重なフィードバックをもらえることもあります。

イメージする際は、理屈や条件抜きでかまいません。将来のことですので、それに合わせ、条件が整ったり、他人がサポートしてくれたりして、実現に近づくこともあります。できるとかできないとかは考えずに、とにかくそうなったら自分自身が心底素晴らしいと思うことをイメージしていきます。

たとえば、筆者の「栄光の瞬間」は、リーダーシップの開発を通じて、より良い日本とアジア、そして世界を創造している状態です。本を出したり、講演をしたり、大学や企業で教育をしたりしながら、一人でも多くの素晴らしい人々の育成を支援することです。偉大な経営学者であるピーター・ドラッカー氏や、世界のリーダー育成に貢献しているマサチューセッツ工科大学のピーター・センゲ氏、世界に通用する日本の学者である一橋大学の野中郁次郎氏のように、次代を創るリーダーの育成に自分なりに最大の価値を提供できている姿が筆者の栄光の瞬間です。

そして今、まだまだだとは思いますが、自分なりに全力で、その瞬間に向かって、日々実践し、行動し、振り返りそして学び続けているところです。

このワークは、自分にとってどういう瞬間が栄光の瞬間であるのかをイメージすることですが、それはゴール・ビジョンを知るヒントとなります。栄光の瞬間をイメージしたら、できればそれを周りの人に伝えて、聞いた人から感

想やフィードバックを受けてみてください。それによって自分のビジョンを深く考えていくことになり、先ほどの「GROWモデル」で必要なゴールやビジョンを明確にするということにつながっていきます。そういったことから、本当に自分が何をやりたいのか、成し遂げたいのか、ということが見えてきます。

column ▶▶▶ 3

▶動けないときに、どう動くか？

　最近、頭が良い、よく考えることができるが、行動できない人を見かけることがあります。よく考える人はいるけれど、動かない人が実はものすごく多い、ということがあります。考えたり批判したりはするけれど、動かない。そこで「Think&Act」（考え、動くこと）の重要性を強調したいと思います。

　もちろん、考えること、行動することの両方が大事なのですが、どちらか1つを選べといわれたら、行動を取るほうがいいと思っています。今の日本の傾向をみていると特にそう感じます。話を聞いていると、皆さん非常にいいことをおっしゃるのですが、動かない、動けない人が意外と多いのです。成果というものは、考え方と行動の掛け算から生み出されます。考え方がいかによくても、行動がゼロだったら当然、成果はゼロです。

　では、動くにはどうしたらいいでしょうか。筆者は、まずは小さな一歩を動いてみるということをお薦めします。人間は、一歩動くと二歩三歩と動けるものです。逆に、止まって周りを見始めると、リスクばかり見えてくるので動けなくなります。ですから、とにかく一歩を踏み出す、ということを勧めたいのです。

　なかなか動き出せないという場合には、人に背中を押してもらうという方法もあります。筆者自身もこのリーダー育成という仕事を始めたときは、経験はほとんどゼロでしたので、何に対してもひどく怖さを感じていました。ある企業からシニア・マネジメントクラスに対するリーダーシ

column 3

ップ開発の依頼が来てもうまくできるかどうかわからず、大いに迷っていました。そのときに、コーチのO氏から、「とにかく、思い切ってやってみよう!」と背中を押されました。そして、実際にやってみると、当然困難もありましたが、当初恐れていたほどのことではありませんでした。

その時、そのハードルを思い切って乗り越えず、逃げ出していたら、その後の成長は決してなかったと思います。

「やる前は怖かったが、やってみると意外と大変じゃなかった」、「思い切って挑戦してみてよかった」ということはよくあるものです。アメリカ人の人材育成コンサルタントに教わったことですが、「人間の恐れの95%は妄想や思いこみにすぎない」ということです。なるほどと思わせる言葉です。

自分では、高い、難しいと思うハードルにどこまで挑戦できるかが、その人の将来の成長に大きくつながります。

筆者は、失敗ということは、実はないのではないかと思っています。うまくいったことは自信につながり、さらに次の高いハードルへの挑戦欲となります。

逆に、うまくいかなかったことも、振り返り、反省し、次にどうすればよいか考えることで、次の糧、成長の材料となります。だから、「失敗は世の中にはない、あるのは教材(うまくいったこと、いかなかったことなど)である」と思えるのです。

まず一歩を踏み出してみてください。そうしなければ、何も始まりません。何もせずに、何かが起こる奇跡はないのです。

第3章 チーム・リーダーシップ

3—1 チーム・リーダーシップとは何か？(WHAT)

3—2 なぜ、チーム・リーダーシップが必要か？(WHY)

3—3 チーム・リーダーシップの要素
  (1) チーム・リーダーシップのための行動(TO DO)モデル3要素
  (2) チーム・リーダーシップのあり方(TO BE)モデル

3—4 チーム・リーダーシップ診断

3—5 どのようにチーム・リーダーシップを実践するのか？
  (HOW) 3つのアクション
  (1) 方向性を構築する(Vision) (2) 実行・実践する(Action)
  (3) 学習する(Learning)

3—6 ビジネスパーソンに求められる3つの機能(役割)
  リーダーシップ・マネジャーシップ・プレーヤーシップ
  (1) リーダーシップとマネジャーシップ
  (2) LMP(リーダーシップ・マネジャーシップ・プレーヤーシップ)
  モデル分析

○column○
- 【4】 各階層に求められるスキルを確認する
- 【5】 リーダーシップの2つの軸—効果的なリーダーシップは、課題対応力×対人能力—
- 【6】 条件適合型リーダーシップ—メンバーや環境に応じてリーダーシップのタイプを変える—
- 【7】 サーバント(支援)型リーダーシップ—実行(Action)段階ではメンバーが主役に—
- 【8】 リーダーシップの5つのレベル—強さと謙虚さを兼ね備えたリーダーシップ—
- 【9】 ヒトデはクモよりなぜ強い
- 【10】 リモート・リーダーシップ(遠隔地のメンバーに対するリーダーシップ)とは

第3章 チーム・リーダーシップ
—チームをリードするリーダーシップ—

3—1 チーム・リーダーシップとは何か？（WHAT）

本章では、チームをリードするチーム・リーダーシップの実現について解説していきます。

チーム・リーダーシップとは、「チームをより良い方向に導く力」です。より具体的には、「チームを成功と成長に導く力」です。

成功というのは企業やチームの業績を上げることです。たとえば、売上を上げたり、利益を上げたり、ビジネスの生産性や効果を上げたりすることが成功です。成長は、チーム・メンバーの個々人が、スキル的にもマインド的にも成長していくということです。この成功と成長の両方を促し、目標を実現させる力が、チーム・リーダーシップです。

3—2 なぜ、チーム・リーダーシップが必要か？（WHY）

なぜチーム・リーダーシップが重要なのでしょうか。企業や組織では複数の人が集まってチームを構成しているため、その人たちがより良いビジョンや目標を達成したり、価値を創造するために、そのチームをよく理解し、効果的にリード

していくというチーム・リーダーシップが重要になります。企業や組織でも、たとえ高い能力を持つ人たちが集まっていても、リーダーシップの良し悪しによって、良い成果を上げていたり上げられなかったりすることがあります。たとえば、野球やサッカーなどのスポーツで、以前とメンバーはほとんど変わらないチーム構成でも監督やコーチだけが替わることによって、それまでの弱いチームから、素晴らしいチームに変身を遂げることがあります。

　このことは、ビジネスにおける多くの企業や組織においてもまったく同様です。社長などのトップリーダーが替わるだけで、また、マネジャーが替わるだけで、その会社や部門が大きく変身することがよくみられます。

　GEのジャック・ウェルチ氏（元CEO）やP＆GのA・G・ラフリー氏（CEO）にも影響を与えた経営学者のピーター・ドラッカー氏も、リーダーシップの重要性を極めて強調しています。

　チーム・リーダーシップの良し悪しが、チームの成果を大きく左右します。

　では、20世紀までのチーム・リーダーシップと21世紀以降のチーム・リーダーシップにおいては、何が違うのでしょうか？

　前述のように1990年後半に起こった、インターネット化、グローバル化、多様化の3つの変化により、ビジネスの環境は激変しています。

　まず、インターネットの普及により、ほとんどすべての人たちが同様の情報を持てるようになりました。20世紀までは、大手企業は、中小企業、また消費者よりも多くの情報を持ち、

リーダーはメンバーよりも多くの情報や知恵を持っていたのですが、21世紀には、大手企業であっても中小企業でも、また一般消費者であっても、インターネットを有効活用することにより、努力次第でほぼ同様の、もしくはそれ以上の情報を入手することができるようになりました。

　上司と部下、リーダーとメンバーの関係も同様です。20世紀までは、上司やリーダーのほうが部下やメンバーよりも多くの情報を持ち、主体的にリードしてきました。ところが、インターネットを活用することで、上司でも部下でも、ほぼ同様の社内外の情報を入手することができるようになってきました。

　また、20世紀以前は、変化のスピードが比較的緩やかであったため、上司がかつて蓄積してきた経験やノウハウが活用できる場面が多くありましたが、21世紀以降は、技術の進歩

図表3—1

【20世紀型チーム・リーダーシップ】	【21世紀型チーム・リーダーシップ】
・特定のリーダーが決め、メンバーが従う一方的リーダーシップ　上から下へのリーダーシップ。 ⇒	・リーダーシップがより重要となってきた。　上下、左右、斜めの全方位型リーダーシップ。
・他社と横並びで同じようなビジョン、戦略でもよかった。 ⇒	・他社と違うオリジナリティのあるビジョン、戦略でなければ勝てなくなってきた。
・人の価値観が近く、動機づけしやすかった。 ⇒	・人の価値観が多様化し、それぞれに合わせた動機づけの重要性。
・個人での学習が重要。	・個人学習に加え、チーム学習が重要。

や市場、顧客の変化が加速し、上司の持つ経験やノウハウが活かされないケースや、むしろその経験が足かせとなり、新たなチャレンジを妨げるという状況も起きてきました。

そこで、21世紀以降のリーダーシップにおいては、20世紀までのリーダーシップとは違った形のリーダーシップをとる必要が出てきました。

3—3 チーム・リーダーシップの要素

(1) チーム・リーダーシップのための行動 (TO DO) モデル3要素

チームをビジョンや目標の実現に導いたり、価値を創造するためのチーム・リーダーシップの発揮のためには、3つのステップが必要となります。

そこで、チーム・リーダーシップを発揮するための行動 (TO DO) モデル3要素について解説します。

まずはじめに、チーム・リーダーがすべきことは、そのチームの方向性を創り出すことです。そのチームは、どのような存在意義、価値基準を持っているのか、どのような将来ビジョンを目指すのか、また、短期的な目標は何なのかなどを明確にすることが大切です。どんなにチーム・メンバー一人ひとりが一所懸命に努力をしても、チームとしての方向性がバラバラであっては、決して良い成果を上げることはできません。むしろ、メンバー一人ひとりの努力や活動がマイナスに働き、チームに悪影響を与えてしまうこともあります。

チームの方向性を創り出すことがチーム・リーダーシップの出発点となります。

次に、実際にチーム・メンバーが行動に移さなければ、決してビジョン・ゴールに向かって前進することはありません。実行の伴わないビジョンは、「絵に描いた餅」にすぎません。よって、実際に行動すること、実行が不可欠です。

　日産自動車のカルロス・ゴーン氏が日産の1999年以降経営危機を脱するため、変革をしたときに、ビジョンや戦略が明確となっていることは大前提であるが、企業・組織の成功要因について、「ビジョンや戦略が５％で、残りの95％は実行力である」と言って、実行の重要性を強調しています。そして方向性を構築した後、実行に特に焦点を当てて業績回復に導いていきました。

　このように実行力が非常に大事になってきます。これが２つ目の要素です。

　また、企業や組織というのは基本的に、方向性が正しくて実行力があれば目標達成をしていくものですが、さまざまな企業・組織をみていくと、もう一つ重要な要素があることがわかります。それが学習力です。方向性が正しく、実行力もあり、さらに繰り返し実績を積み重ねることによって学んで成長していくということが、３つ目の重要な要素になります。

　去年よりも今年、より良いものを作り、さらに今年よりも来年、より良いものを作っていく、あるいは、より良いチームを作り上げたり、個人の能力を高めていったり、という学習力が重要になります。

　以上の「方向づけ」「実行力」「学習力」という３要素のサイクルを効果的に回していくと、そのチームはビジョンを実現したり、価値を創造することができます。

第3章 チーム・リーダーシップ

　そのサイクルをモデル化したものを「VALueモデル」といいます。ビジョン（Vision）のVと、実行力（Action）のA、学習力（Learning）のL、それにue（Unlimited Evolution：限りのない進化）の意味を加え、バリュー（価値）を創造するためのリーダーシップモデルとしてVALueモデルと呼んでいます。

　価値を創造するためのリーダーシップは、ビジョンやバリューという方向づけ、アクションという実行力、ラーニングという学習力、これら3つの要素で構成されます。これらを具体化することによって、短期的な成功だけではなく、力強く、持続的・永続的に成功と成長するチームを作っていくこ

図表3—2

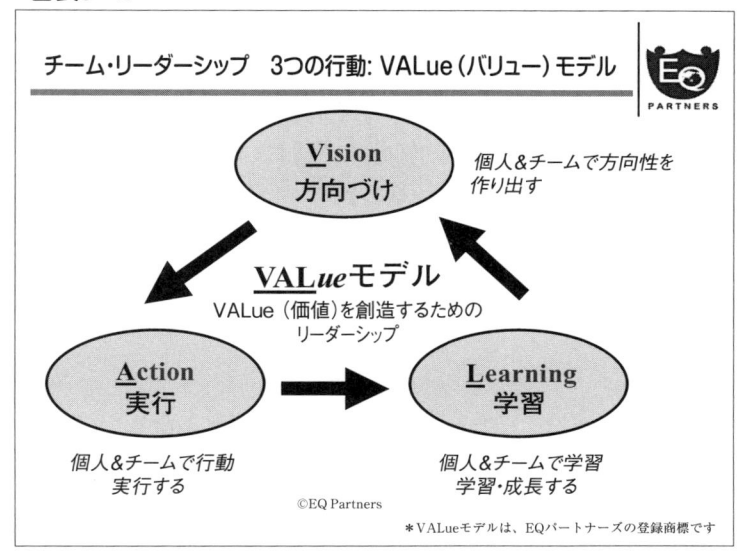

チーム・リーダーシップ　3つの行動: VALue（バリュー）モデル

Vision
方向づけ

個人&チームで方向性を作り出す

VAL*ue*モデル
VALue（価値）を創造するためのリーダーシップ

Action
実行

個人&チームで行動
実行する

Learning
学習

個人&チームで学習
学習・成長する

©EQ Partners

＊VALueモデルは、EQパートナーズの登録商標です

とができます。

　またVALueモデルを実行するにあたって、リーダーの個人主導ではなく、リーダー、メンバーを含めたチーム全体で一体感を持って動くことが重要となります。

　20世紀型のリーダーシップにおいては、リーダーが主役として、方向づくり、実行、学習を主導してきました。しかし、変化が激しく複雑で、過去の経験則が通用しなくなってきた、また人材が多様化してきた21世紀におけるリーダーシップにおいては、全メンバーの知恵、スキル、発想などを最大限有効活用し、多様化したメンバーが一体感を持って動くために、リーダー個人が引っぱる形ではなく、チーム全員で方向性を創り出し、実行に移し、学習していくことが一層重要となります。チーム・リーダーシップはチームメンバー全員が、主体者となって、チームをリードする全員リーダーシップです。

(2) チーム・リーダーシップのあり方（TO BE）モデル

　チーム・リーダーシップにおいては、これらの行動（TO DO）モデルと同時に、その行動のベースとなるあり方（TO BE）モデルが重要となります。このあり方とは、行動を支える基礎となる部分です。

　ここでは、あり方（TO BE）モデルをご紹介します。

① 強さ

　強いチームでなければ、21世紀以降の変化の激しい、また厳しいビジネス環境の中で、存続し、競争に勝ち残っていくことはできません。

　ビジネスは、常に追い風であることはあり得ません。向か

第3章　チーム・リーダーシップ

い風もあります。追い風のときは、どんなリーダーシップでも比較的うまくいきますが、向かい風のときに、どんなリーダーシップを発揮し、チームに成果をもたらすかが、リーダーシップの発揮のしどころではないかと思います。

　トヨタ、ホンダ、SONY、パナソニックなどの優良企業ですら、かつて、倒産や経営の危機を何度か経験しています。たとえば、トヨタの場合、1950年のデフレ時に深刻な経営危機に陥り、銀行などの支援も受けながら、何とか耐え、復活を遂げてきました。

　どんな企業や組織においても、必ず、何かしらの困難に直面したことがあろうかと思います。そのようなときにも、困難に打ち負かされずに、乗り越えていく強さが重要となります。

　では、その強さをどのように身につけていけばよいのでしょうか？

　まずは、リーダー自身が事業・ビジネスに対する強い志・信念を持つことです。

　松下幸之助氏の下で、パナソニックの経営幹部を務め、また、政財界における数々のリーダーを生み出している松下政経塾元塾長の関淳氏には、「(リーダーは) 固い (か・た・い) 志を持つことである。決して、高く (た・か・く) はなくとも、固い志が重要である」と教えていただきました。

　松下幸之助氏は、体も弱く、学歴もなかったため、最初から強いリーダーではなかったようです。しかしながら、「事業を必ず成功させたい、社会に貢献したい」との強い信念を持つことにより、強いリーダーに成長していきました。

　そのような強い志・信念をメンバーに伝え、共有していく

ことで、追い風、向かい風にかかわらず、前進、成長できる強いチームを作り上げることができるのです。

② やさしさ

そして、強さと同時に、やさしさもリーダーシップにおける重要な要素です。

20世紀以前は、組織のメンバー構成も正社員が中心で、人の価値観も比較的一様であり、会社の方針やリーダーの指示命令に比較的そのとおりに従うメンバーが多くを占めていました。

ところが、21世紀以降は、年齢、性別、国籍、所属なども多様化したチームに急激に変化してきました。人の考え方も以前よりも多様化してきました。

そのような中で、人間対人間という、やさしさをもってメンバーに接し、メンバーを動かすことがますます求められるようになってきました。

『1分間マネジャー』など全世界で1000万部以上の本が読まれているリーダーシップ・グル（権威者）の一人である、ケン・ブランチャード氏は、その豊富な経験から、リーダーシップについて重要なことを一言でいうと、「リーダーシップとは愛である（Leadership is love）」といっています。

深い愛情とやさしさをもって、ときには相手のためを思った厳しさをもってリーダーがメンバーに接することで、メンバーがリーダーやチームとの一体感を感じ、力強く行動し、成長していくこととなります。

「ビジネス（課題）には強く（厳しく）、人にはやさしく」というあり方が、強く一体感を持ったチームを創る要素です。

③ 正しさ

そして、「強さ、やさしさ」に加え、「正しさ」も不可欠な要素です。

20世紀以前は、正しさ（正義）という要素は確かに重要ではありましたが、21世紀以降はさらにその重要度が増しています。

21世紀以降は、インターネットなどの普及によって、それまでは何か問題があっても、組織の中でそのままとなっていた不正なこと、間違っていることなどが、簡単に社会に知れ渡るようになりました。

牛肉と偽って他の食材を販売していたミートホープの食品偽装事件をはじめとする多くの会社の法令違反がその例です。

20世紀以前には、その組織の中だけに留められ、発覚しなかったような問題が、社員であれ、パートであれ、インターネットやメールなどを使っていとも簡単にマスコミや社外の人に情報発信することができるようになりました。

チームとして、法律やルールを守ること、社会正義に反しないことはもちろん、自分たちのことだけを考えるのではなく、社会的弱者の人たちのことを考慮したり、世界の環境や人々のことを考えることもワールドクラス・リーダーシップには欠かせません。

正しいチーム・リーダーシップのあり方を持たなければ、先ほどの例のように、食品メーカーにあってやってはいけない重大な過ちを犯したり、ライブドアや村上ファンドのような法令、ルール違反を起こしたりします。その結果、企業自体の存続が危うくなってしまうこともあります。

逆に、正しさを重視し行動していった例としては、パナソ

ニック（当時松下電器）の石油ファンヒーター事故の事例があります。同社は石油ファンヒーターの製造上の問題により、消費者の中に、死傷者を出してしまいました。

　当時、パナソニック・中村社長のリーダーシップの下、「スーパー正直な会社」となろうという、正しいあり方を打ち出し、莫大な費用をかけてでも、消費者の方の人的な被害を最小限に抑えようと、一時、広告CMのすべてをファンヒーター事故のお詫びに切り替えたり、社員が電器店や顧客の自宅を1件1件訪問することなどにより、被害を最小限に食い止めました。

　当時、東北地域を担当したグループ会社社長のS氏は、社

図表3—3

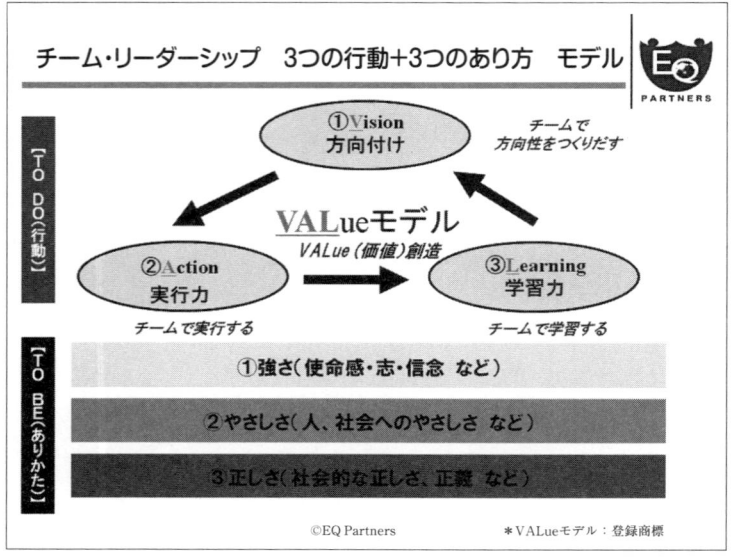

チーム・リーダーシップ　3つの行動＋3つのあり方　モデル

【TO DO（行動）】
- ①Vision 方向付け — チームで方向性をつくりだす
- ②Action 実行力 — チームで実行する
- ③Learning 学習力 — チームで学習する

VALueモデル　VALue（価値）創造

【TO BE（ありかた）】
- ①強さ（使命感・志・信念　など）
- ②やさしさ（人、社会へのやさしさ　など）
- ③正しさ（社会的な正しさ、正義　など）

©EQ Partners　　＊VALueモデル：登録商標

員とともに、「最後の1台まで見つけ出す」という覚悟のもと冬の厳しい天候や、吹雪の中でも自分たちの身の危険を感じることもありながら各地を探し回ったそうです。

又、数年たった今でもまだ見つかっていない問題のファンヒーターを探す努力は続けられています。

このようなチームとしての正しいあり方にもとづいた正しい行動が、逆に消費者、社会の信頼を回復させ、「社会的に正しいことを行う会社である」という信頼を勝ち得、結果その後のビジネスにも良い影響を与えていきました。

3―4　チーム・リーダーシップ診断

ここでは、皆さんのチーム・リーダーシップの要素がどの程度実践できているか、自己チェックをしてみて下さい。

①方向性をチームに明確に打ち出せているか、②メンバーを動機づけして実行に導いているか、③メンバーを育成・成長させているか、これを5段階でチェックしてみてください。それによって、自分自身のチーム・リーダーシップ力をチェックできます。

その結果を見て、足りない部分、今後強化すべき点などについて考え、「今後の行動・対策」のところに記入してみてください。

チェックしてみると、ほとんどの人に強みと弱みの凹凸があると思います。できている／できていないことに気がつき、凹凸でポイントを考えてみるとよいでしょう。できているところは、さらに強化し、できていないところは改善していきます。

図表3—4

チーム・リーダーシップ　診断

1:全くできていない　2:どちらかというとできてない　3:どちらともいえない
4:どちらかというとできている　5:よくできている

【TODO（行動）】
(1) Vision:方向性（ビジョン・戦略・目標等）を明確にしているか？　① ② ③ ④ ⑤
(2) Action:メンバーを動機付け、実行に導いているか？　① ② ③ ④ ⑤
(3) Learning:メンバーを育成・成長させているか？　① ② ③ ④ ⑤

【TOBE（ありかた）】
(1) 強さ　やりぬく使命感・志・信念・覚悟があるか？　① ② ③ ④ ⑤
(2) やさしさ　人や社会に対するやさしさ、思いやりを持っているか？　① ② ③ ④ ⑤
(3) 正しさ　・社会的・人間的に反することをしていないか？　① ② ③ ④ ⑤

©EQ Partners

　弱みを改善することも重要ですが、強みに着目し、強みをさらに伸ばしていくことも重要です。日本人は比較的弱みに目が向きやすい傾向があります。ピーター・ドラッカー氏は「人の強みの上に築け」、「強みをもって、弱みを無意味なものとせよ」といっています。ビジョンづくりに強みをもつ人は、ビジョン・戦略づくりをさらに磨き上げ、強みを発揮してもいいし、人材育成に強みをもつ人は人材育成力を磨いていってよいのです。それが特長になります。強みは強みとしてさらに伸ばしていき、弱みは素直に弱みと認め、改善していくことです。

第3章 チーム・リーダーシップ

3—5 どのようにチーム・リーダーシップを実践するのか？（HOW）3つのアクション

「チーム・リーダーシップ診断」で、自分自身の課題が方向性なのか、実行力なのか、人材育成力なのか、ということが理解できたのではないかと思います。これをヒントにして、自分自身のチーム・リーダーシップの開発のヒントとしていただければと思います。ここではまず、最初のステップとして「方向づけ（ビジョンづくり）」について考えていきます。

(1) 方向性を構築する（Vision）

チーム・リーダーになると、「チームの方向性を示す」、「ビジョンを創ることが重要」と多くの人は、その重要性をよくわかっていると思います。

ところが、実際に自分で作ろうとすると、これが大変に難しいものです。筆者自身、大企業の中で、部門やチームをリードする際も、そして今、自分自身で企業を経営していても、方向性づくり、ビジョンづくりはリーダーシップにおいて、最も重要な機能の1つと十分認識しています。大事だとわかっています。しかしながら、いざビジョンを作ろうとすると、「はて、どうやって作ればいいのか」という非常に難しいことに気づきます。

ここで紹介する手法は、これまで接してきた数多くの経営者やリーダーが、どのように方向性を創り出しているのかを研究し、活用しやすく作成したモデルです。

ビジョンを構築する手順を次の３つの段階に分けて考えていきます。
- ステップ１─現状分析＆未来予測（現状を見る、将来を予測する）
- ステップ２─方向性構築（ビジョンやバリューを作っていく）
- ステップ３─方向性共有（メンバーに伝える）

この３つのステップを行う場合、それぞれ「IQ的なアプローチ（論理的アプローチ）」と「EQ的なアプローチ（感情的アプローチ）」という２つのアプローチの方向があります。

多くの人が小学生ごろにIQテストというものを受けたことがあるのではないか思いますが、IQはIntelligence Quotientの略で、論理的、数値的という意味です。IQ的なアプローチとは、論理的、数値的にデータを見たり、作ったり、伝えたりしていく方法です。

もう一つのEQはEmotional Quotientの略で、感情指数、心の知能指数などといわれます。人間には感じたり思ったりする部分があり、そこにアプローチすることは非常に大事になってきます。

以下、３つのステップについて、このIQとEQ双方のアプローチから考えていきます。

★ステップ１─現状分析＆未来予測（見る）

ステップ１の見る段階におけるIQ的なアプローチというと、たとえば、客観的な市場のデータや業界の予測をしてみることがそれにあたります。業界の動向や傾向を分析したり、自社・自部門がどんな強みを持っているのか、顧客が何を望んでいて、どんな状況なのか、また、競合の相手はどんな強

第3章　チーム・リーダーシップ

みを持っていて、どんな戦略を立てているのか、などを分析したりするのがIQ的なアプローチです。客観的、大局的に現状を見ていくことが重要です。

さらに、優れた経営者やリーダーたちを分析していくと、共通点として、客観的なデータや分析といったIQ的なアプローチだけに依存していないことがわかります。

実際に現場に足を運んで顧客の声を聞いたり、工場や営業最前線の人の話を熱心に聞いたり、若い人たちの話を聞いたりしながら市場や顧客動向を把握し、また自分が見聞きする中でいろいろと感じ取ったり、見たりしています。これがEQ的なアプローチです。

EQ的なアプローチを活用した例としては、日本最大のコンビニエンスストアチェーンの「セブン-イレブン」を日本でスタートさせた鈴木敏文氏の事例があります。

鈴木氏は、もともとセブン-イレブンとは違う仕事でアメリカに出張に行っていたのですが、夜中に車で現地を走っていると、小さな店で、常に電気がついていて24時間オープンしている店があることに気がつきました。調べてみると、セブン-イレブンという、当時の日本にはないコンビニエンスストアという業態の店舗であることがわかります。

そして「なぜこんなお店があるのか、儲かるのか、なぜお客が夜中に来るのか」などの疑問を、興味を持ってヒアリングを行ったり、調べていく中で、日本にはまだコンビニエンスストアというものはないけれども、将来、日本の生活スタイルが変わっていく中で、こういった業態が根づいてくるのではないか、という考えに至ります。

そして1975年、24時間営業の実験店舗を開店させました。

その店舗に夜中にお客が来店し、24時間開いていることに対してありがたいと言われる中で、日本では前例も綿密なデータもないものの、直感的に「これはいける！」と判断してセブン-イレブンを日本でスタートさせたのです。

　また、イトーヨーカドーの経営者伊藤雅俊氏にお話をお伺いした際、「松下電器の松下幸之助氏は、頭だけではなく、全身全霊で物事を見て、考えていた。頭だけで考えすぎずに、全身で考えるべきである」ということを教えていただきました。

　これは、どうしても頭だけで考えようとしがちなわれわれにとって、実に貴重なアドバイスであるといえます。

　IQ的に物事を捉え、考えるだけではなく、EQ的に直感、体感を駆使して、物事を捉えることも、リーダーにとって重要なことです。

　さて、比較的変化の緩やかだった20世紀までは、変化が起こってから、また、起こりかけてから対応しても、他社が変化を起こしてから対応しても、対抗していくことが可能でした。

　たとえば、20世紀の松下電器（現パナソニック）は、ソニーや東芝、日立などの他社が新製品を開発した場合、それと同等の製品を後から開発しても、一時は5万店あった「ナショナルショップ」という販売店のその強力な販売網を活用して、追従し、打ち勝つことが可能でした。ところが、21世紀以降、製品のライフサイクルが加速度的に速くなり、新しい製品をいち早く市場に投入しないと、利益を上げられない状況となりました。

　また、消費者がインターネットで、メーカーと同等、また

それ以上に情報を得ることができるようになり、どこのメーカーの商品が早く開発され、優れているか、すぐにわかるようになってきました。

よって21世紀においては、独自の市場を予測し、新たなビジョンを打ち立て、他社と違った製品をいち早く市場に投入していくことが不可欠となってきました。そこで、パナソニックでは、これまでの他社と同等の製品投入というやり方から、No1、オンリー1の製品を世界同時に市場投入する「世界同時立上げ」というビジネスモデルに大きく変革し、成功を収めてきています。

このように、過去、現在の流れを読み取り、先を見通していくことが重要となります。

その際、どのように先を見るかですが、これについては、森永製菓の取締役を務められたI氏に、「(21世紀の) リーダーシップは、見えないものを見る力、先を見通す力である」と教えていただきました。変化の激しい、先の見えにくい21世紀であるからこそ、先を見る力が成功要因となってきます。

そして、I氏は「見えないものを見るためには、自ら勉強し続けること。社内外、業界内外のさまざまな立場、考え方を持つ人たちとの真剣な対話の中から見えるようにしていく」と言います。

また、既存の枠（＝パラダイム）にとらわれずに物事の本質を見ていくことも重要です。

既存の見方、考え方を一度距離をおいて疑ってみる、違う見方をしてみるなども必要です。たとえば、今のビジネスの進め方、会社や業界の常識などについて違う見方をしてみるというのも効果的です。

世界的に著名な経営コンサルタントの大前研一氏は、たとえば、5年後、10年後の家庭のリビングルームを想像してみるなど、未来を予測、構想する力を身につけることの重要性を教えています。

　未来のリビングルームの姿を想像して、将来自分たちにとって何がビジネスチャンスとなるか、真剣に考えていくというものです。

　自分のビジネスや業界の3年後、5年後、10年後などのいくつかのありうる姿を、想像力を最大限働かせて想像してみてください。そして、それについて見識のある立場や考え方の異なる人たちと真剣に対話してみてください。その中から、未来の姿がだんだん見えてきたり、未来を見る力が備わってきます。

　一歩先の未来を見る力は、21世紀型リーダーシップの重要な要素の一つであり、これまで以上に強く求められるものです。

★ステップ2―方向性構築（つくる）

　前述の現状分析や未来予測をしながら、チームの方向性を構築していきます。

　インターネット化、グローバル化、多様化の3つの変化の影響で、21世紀はこれまで予測しえなかった変化が起こります。2007年以降の米国サブプライム問題にはじまる世界経済危機もその一つといえます。

　現在の経済危機に際して、日産のカルロス・ゴーン氏も今回のようなこれまでにない新しい変化においては、これまでにない全く新しいやり方が必要になると強調しています。

ここでも、IQ的なアプローチとEQ的なアプローチの双方のアプローチを活用します。
　IQ的なアプローチとしては、論理的に戦略を打ち立てたり、MBA（ビジネススクール）で教える戦略フレームワークなどを活用することも有効です。特に、自社、自組織の強みを活かし、市場の機会、チャンスに着目し、強みと機会が重なる分野で他社と差別化できる戦略を打ち立てることが一つの重要なポイントです。
　IQ的な方法でさまざまな戦略を考え、チームの強みを活かした戦略を構築していくことに加え、EQ的な手法も重要となります。
　人間には、感情や気持ちがあります。論理的、数値的、戦略的なものに加え、夢ややりがい、チャレンジ精神、情熱を持てることやワクワク感を感じられること、使命感を感じられるようなことも方向づけに盛り込んでいくことも重要です。
　たとえば、長野県の「星のや軽井沢」の経営や北海道の「アルファリゾート・トマム」、福島県の「アルツ磐梯」などをはじめとする日本のリゾートの再生に挑戦している星野リゾートの星野佳路氏の打ち出しているビジョンは、顧客満足度（＋2.5以上）、経常利益率（20％以上）、環境指数（100P以上）などのIQ的なアプローチに加え、「リゾート運営の達人となる」というEQ的なアプローチを盛り込んだ、明確で、チャレンジングで、メンバーの心に火をつけるビジョンとなっています。

★ステップ3—方向性共有（伝える）

　リーダーがいかに素晴らしいチームのビジョンや戦略を策定したとしても、リーダーだけのものとなっていたのでは、チームがそのビジョンに向かって進んでいきません。策定したビジョンや戦略をチームの全員が常に共有し、行動していくように伝え、浸透させていくことが不可欠です。

　ここでも、客観的なデータや数字、グラフなどを使って「見える」化したり、論理的にわかりやすく順序立てて説明するといったIQ的なアプローチと、思いや熱意を込めて繰り返し伝えるというようなEQ的なアプローチがあります。

　たとえば、スターバックスコーヒーのCEO、ハワード・シュルツ氏は、スターバックスをこんなお店にしたい、お客様に喜んでもらえるこんなコーヒーショップを作りたい、ということを、繰り返し何度も何度も伝え続けているそうです。それでも、社員やアルバイトの人たちに、まだまだ自分のビジョンが伝わりきれていない、と言っています。

　GEのジャック・ウェルチ氏も、「（自分が）いやになるくらいビジョンを話している。しかし、それがリーダーの最も重要な役割であるのでしかたがない。」と言っています。

　また、日産のカルロス・ゴーン氏は、1999年の日産の経営立て直しに際し、リーダー自身の強い決意を示しました。日産リバイバルプランが成功しなければ、自分を含めた経営陣はすべて退陣するという、ただならぬ決意を表明しています。これによって、ゴーン氏の真剣さ、ビジョンに向かって全員で進んでいこうという決意が社員全員に伝わり、日産が再生プランを達成できた1つのポイントであったといえるでしょ

う。

　ビジョンとは、繰り返し伝え続け、メンバーに共感してもらうことによって初めて実行につながるものであるということがわかります。

●IQ的なアプローチとEQ的なアプローチの両方を追求する

　「見る」、「作る」、「伝える」という、ビジョンを構築する3ステップにおいては、IQ的なアプローチとEQ的なアプローチの両方を、うまくミックスしながら進めていくことがポイントになります。

　多くの企業やチームの方向性づくりをみてみると、どちら

図表3—5

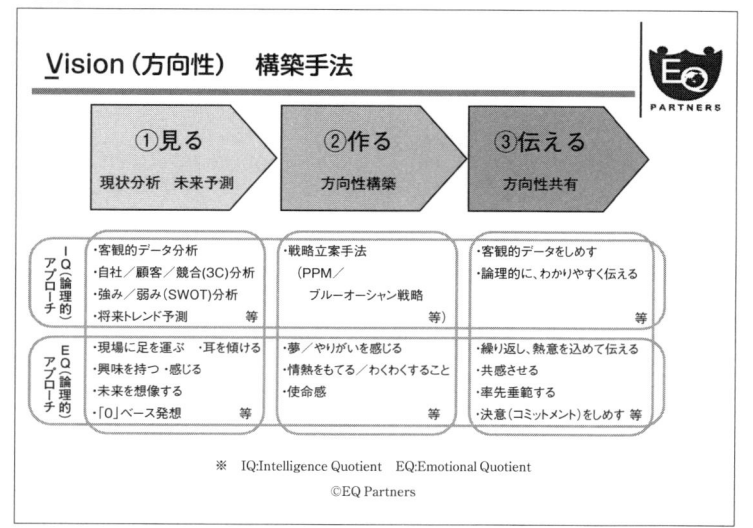

Vision（方向性）　構築手法

①見る　現状分析　未来予測
②作る　方向性構築
③伝える　方向性共有

	①見る	②作る	③伝える
IQ（論理的）アプローチ	・客観的データ分析 ・自社／顧客／競合(3C)分析 ・強み／弱み(SWOT)分析 ・将来トレンド予測　等	・戦略立案手法 （PPM／ ブルーオーシャン戦略 等）	・客観的データをしめす ・論理的に、わかりやすく伝える 等
EQ（論理的）アプローチ	・現場に足を運ぶ　・耳を傾ける ・興味を持つ・感じる ・未来を想像する ・「0」ベース発想　等	・夢／やりがいを感じる ・情熱をもてる／わくわくすること ・使命感 等	・繰り返し、熱意を込めて伝える ・共感させる ・率先垂範する ・決意（コミットメント）をしめす　等

※　IQ:Intelligence Quotient　　EQ:Emotional Quotient
©EQ Partners

かに偏ってしまっているケースがあります。

　例えば「売上100億円突破」、「利益10％以上」などはIQ的（数値的）な要素しか含まれておらず、また「すばらしい会社をつくろう！」「とにかく全力でやり抜こう！」などはEQ的な要素のみで、IQ的な要素が含まれていません。

　「見る」という段階において、データ分析できるものは、実はその時点では古い情報といえます。データより早く気がつくということでは、EQ的なアプローチが必要です。

　また、人は数字や論理だけでは動きにくいものです。売上〇〇億円実現、利益〇億円実現、といっただけでは実に無味乾燥なノルマとしかならず、やらされ感はあっても、メンバーの心に火がつきません。

　「世の中にない製品やサービスをつくり出そう」「この店をお客様の笑顔で満たそう」、「常にお客様から感謝される店にしよう」、「世界一を目指そう」といった、ワクワクするような、人の心に響くものが必要です。

　よって、IQ的なアプローチと同時に、EQ的なアプローチが重要なのです。

　EQ的なものだけだと、ただの夢物語になってしまうことがあります。IQ的なものとEQ的なもの、この両方が大切です。

　日本で初めての銀行や保険会社、製紙会社など500社以上の会社設立に関与してきた、日本の資本主義の父といわれる渋沢栄一氏は、「ビジネスには"論語"と"そろばん"が必要」と言っています。ここで"論語"とは夢や想い、正しいこと、ここでいうEQ的な要素です。かといって、それだけでは事業は成り立たない。ビジネスの数字の分析など、"そ

ろばん"勘定も大事だ、すなわちIQ的な要素も欠かせない、ということです。

まさに、IQ的要素とEQ的要素の双方の強力な、かつバランスのよいアプローチがチーム・リーダーには求められます。

また、効果的なビジョンや目標設定の方法として、「SMART（スマート）の原則」というものがあります。これは、ビジョンや目標設定に必要な要素を表したものです。

図表3—6

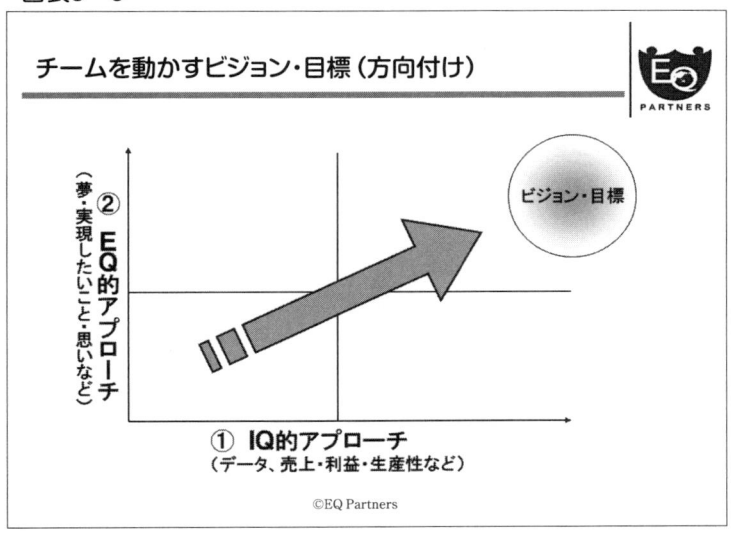

チームを動かすビジョン・目標（方向付け）

② EQ的アプローチ（夢・実現したいこと・思いなど）
① IQ的アプローチ（データ、売上・利益・生産性など）
ビジョン・目標

©EQ Partners

この図は、ある世界的な経営コンサルティング会社の考え方を図にしたものです。ビジョンや目標、変革や新規事業の創造は、IQ的なアプローチだけでは実現できない、ということを表したものです。本来、コンサルティング会社はIQ的なアプローチを得意としていますが、そのコンサルティング会社が、EQ的なアプローチもないと創造や変革は成し遂げられないということを強調しています。

Specific：具体的であること。Measurable：測定可能・数値化できること。Attractive：魅力的であること。Realistic：挑戦的ではあるが、努力することにより実現の可能性があること。Time-bound：達成の期限があるということ。この5つの要素が必要で、これらの英語の頭文字を取ってSMART（スマート）の原則と呼ばれています。

最初のステップであるビジョンづくりを、このSMARTの原則をカバーしながら行ってみてください。

〈方向性（ビジョン・目標）の構築方法〉
以上の事例などを参考にしながら、EQ的、IQ的、双方のアプローチで方向性（ミッション・ビジョン・バリューなど）を構築していきます。

まずEQ的なアプローチから始めます。

「あなたのチームは将来、何を実現したいか？」、「どのような形となれば理想的か？」などを考えてください。これを考える場合、できる／できないという可能性はまず抜きにして、どうなったら素晴らしいかを想像して考えてください。

次にIQ的なアプローチで考えていきます。先に考えたEQ的なアプローチを、数値化する、論理づけすることを行っていきます。何年何月までに実現すると期限を決めたり、数値化するとどうなるのか、自社・自部門の強みは発揮できるのか、などといったことを考えてIQ的なアプローチを加えながら、EQ的なアプローチをもとにEQ的要素＋IQ的要素の盛り込まれたビジョンを構築していきます。

ビジョンが出来上がったら、チーム・メンバーなどに思い

図表3—7

方向性（目標設定）：SMART（スマート）の原則

Specific：具体的である　　　＜具体的に「何」に取り組むのか、明確である＞

Measurable：測定可能である＜数値化でき、達成したかどうかが検証可能である＞

Attractive：魅力的である　　　＜チーム＆本人にとって、魅力的である＞

Realistic：現実的である　　　＜創意工夫、努力により達成可能性がある＞

Time-bound 時間軸がある　　　＜達成期限がある＞

©EQ Partners

を込めて伝えてみてください。ビジョンは、リーダーの頭の中だけにあり、リーダー自身が強く思っているだけではだめで、チーム・メンバーの頭の中で共有され、心で共感されるものでなければ、決して実行に移されることはありません。

　何度も何度もビジョンを伝えたり、それについて議論し合ったり、実際の行動と照らし合わせて、チームの行動がビジョンにつながるものであるかどうか、フィードバックし合ってみてください。

　そしてメンバーに感想を聞いてみてください。そのビジョンが、チームにとって本当に魅力的なものであるか、共感できるものであるか聞いてみましょう。チーム・メンバーと本気で対話しながら、構築、浸透させていってください。

図表3—8

方向性（ビジョン・目標）構築ワーク

【ＥＱ的アプローチ】
「将来あなたの組織・チームは、何を実現したいか？」「夢は？」
「あなたのチームは、どのようになったら、すばらしいと思うか？」
「大切にしたい価値観は何か？」

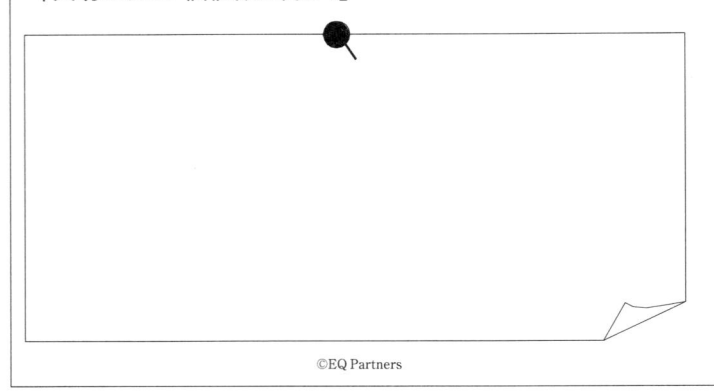

©EQ Partners

　20世紀までは、ビジョンはリーダーが構築し、それをメンバーに伝え、実行させるという方法が一般的でした。しかしながら、変化が激しく、これまでの経験が活かされないケースが増えてきた、そして全員の知恵とアイデアを結集して他社と違ったオンリー1のビジョンを打ち立てる必要が出てきた21世紀には、チーム・メンバー全員を巻き込んでビジョンをつくり上げることが効果的です。

　東芝のあるマネジャーの経験ですがその部門はそれまでビジョンが明確でなく、チームメンバーの考え方もばらばらで、

第3章　チーム・リーダーシップ

図表3―9

方向性（ビジョン・目標）構築ワーク

【IQ的アプローチ】

「いつまでに（　年　月まで）実現するのか?」
「強みを発揮、また強化できるかどうか?（ No1 or No2になれるかどうか?）」
「経営数字・ビジネス規模（売上・利益・人員など）などはどうするか?」

©EQ Partners

チームワークもひどい状態でした。悩んだ結果、あるときチームメンバー全員参加の泊まりがけで、チームの現状やビジョンについて徹底的に話し合う"ビジョン合宿"というものを行ないました。全員で部門のビジョンについて徹底的に議論し合うことによって、最初は全くかみ合っていなかったビジョンが全員の思いが入ったビジョンとなり、それ以降、その部門は生まれ変わったように変化していったとのことです。ビジョンの内容そのものも重要ですが、メンバー全員を巻き込んだビジョン構築、共有の重要性を示した例です。

(2) 実行・実践する（Action）

 チームとしてのその向かうべき方向性を創り出したら、次は、その方向性に向かって進む、実行・実践です。
「チームの成果＝方向性×実行力」と表現できます。
 チームには方向性（ビジョン）が欠かせませんが、そのビジョンに向かって、いかにチーム・メンバーが実行していくか、ということがさらに重要です。
 前述したように、日産自動車のカルロス・ゴーン氏は「戦略は５％、実行が95％」と述べており、ビジョンや方向性も大事ですが、いかに実行していくかというところが、より重要であることを示しています。1999年以降の日産自動車の変革においても、後で振り返ると、カルロス・ゴーン氏以前の経営陣によって、過去に２度、経営再建のための変革プランが出されていたそうですが、これらのプランは、結果的に、ゴーン氏が日産を変革に導いたリバイバルプランとほぼ同様の内容だったということです。
 過去２回の変革プランは成功せず、ゴーン氏の1999年リバイバルプランは成功を収めました。ではその差は何だったのでしょうか？
 ゴーン氏以前のビジョン・戦略は、経営陣と社外の経営コンサルタントたちによって作られ、それがメンバーに与えられたもので、メンバーからみると、経営陣から押し付けられたビジョンという感が強く、そのビジョンに向かって本気で実行、行動できなかったようです。
 同様に、1993年以降、大型コンピューター全盛の時代が過ぎ、変革ができずに低迷していたIBMを復活に導いたルイ

ス・ガースナー氏も、「実行」の重要性について何よりも強調しています。その当時、ビジョンや戦略づくりには長けていた反面、実行が伴わなかったIBMを、ビジョン、戦略はまずおいて、メンバー全員を具体的な実行、実践に全力を注がせました。

現在、東芝を変革している西田社長も、「実行」という一言を、経営ビジョンを象徴する言葉として伝えています。

実際、筆者がみてきたさまざまな企業やチームにおいても、良い方向性（ビジョン）を作り出したにもかかわらず、メンバーが本気で動かなかったり、動いたとしてもその動き方に力強さがなかったり、メンバーのやる気にかげりがみえたりということで、そのビジョンがただの絵に描いた餅（意味のないもの）となってしまっている、というケースがよく見受けられます。

これはある大手企業の社内意識調査の結果としてお聞きしたことですが、同社の各本部、事業部門などを調査したところ、メンバーのモチベーションの高い組織は、営業、マーケティング、研究、生産などの部門に関係なく、最先端のことを行っているかどうか、また、残業時間が多い少ないなどではなく、

- 部門内での方向性が明確に打ち出され、浸透しているかどうか
- 上司、部下、同僚同士などのコミュニケーションがよくとれているかどうか

の2点だったそうです。

方向性を打ち出し、コミュニケーションを通じた連携が、

メンバーのモチベーション、実行力につながってくるということです。

ビジョン×コミュニケーション→実行

〈チームの実行力強化への２つのアプローチ方法〉
① ビジョン＆ゴール実現のための全体アプローチ
これは前項の方向性（ビジョン・戦略）づくりとも関係してきます。ビジョンや戦略をいかにリーダーとメンバーが共有できるか、また、情報として共有するだけではなく、感情的にも共感できるようにすべきです。

チームを実行に導くためには、単に正しいビジョンがあるだけではなく、そのビジョン・戦略が共有、共感される必要があります。

では、具体的にどのようにすれば、チーム内でビジョン・戦略を共有、共感することができるのでしょうか。

★ビジョン・戦略・行動プラン構築へのメンバーの参画

まずは、ビジョン・行動プラン構築へメンバーを積極的に巻き込んでいくことです。リーダーが方向性を作り、メンバーが実行するという、従来型のトップダウン型リーダーシップではなく、リーダーはあたかもファシリテーター（進行役）のように、メンバーを参画させ、巻き込んでいきます。

筆者自身も、自社の経営において、私が作りメンバーに与えたビジョンや戦略にはメンバーが共有、共感しにくいことを実感しており、メンバー全員が参加するビジョン・ミーテ

図表3—10

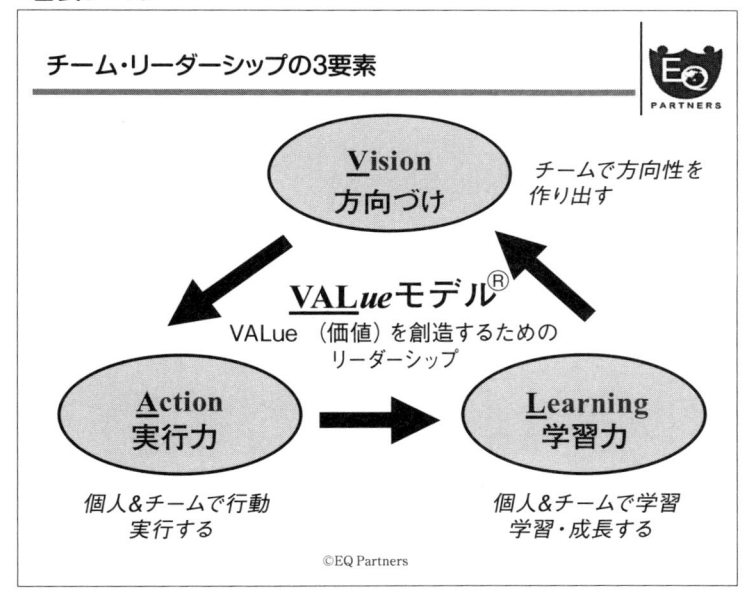

チーム・リーダーシップの3要素

- **V**ision 方向づけ — チームで方向性を作り出す
- **A**ction 実行力 — 個人&チームで行動 実行する
- **L**earning 学習力 — 個人&チームで学習 学習・成長する

VAL*ue*モデル®
VALue（価値）を創造するためのリーダーシップ

©EQ Partners

ィングを毎月行い、ビジョンの構築、具体的行動計画の策定、進捗管理を行っています。このように、方向性構築の段階からメンバーを参画させることが、共有・共感ビジョンを作り出す第一歩です。

また、リーダーだけで作り出すよりも、現場や顧客、市場をよく知るメンバーも巻き込んだほうが、精度の高いビジョン・戦略となってきます。そして、作られたビジョンについては、各メンバーに繰り返しその意味、意義を伝え続けることです。そのような地道な行動によって、メンバーがビジョンに意義を見出し、チームに浸透していきます。

★ビジョン実現に応じたリターンがある

　ビジョンの実現において、それが実現した場合、メンバーにもなんらかのメリットが出るようにします。

　日産自動車のように、ビジョン実現の結果を給与や賞与に反映させたり、また、イエローハットのように、チャレンジプランが実行できた場合、表彰や賞品を与えることで成果に対するリターンを行います。

　このような有形のリターンと同時に、「よくやってくれた」、「がんばってくれました」、「ありがとう」など、無形の承認や感謝などのメッセージも、チームを活気づける具体的、かつ実践的な方法です。

　成果を上げ、かつモチベーションの高いリーダーは、有形のリターンのみに頼らず、このような無形のリターンを実に大切にしています。

　BMW、ダイエー、日産グループの経営者を務めた林文子氏は、よくやっている社員を見つけては、「よくがんばってますね」などの承認や「ありがとうございます」などの感謝の言葉を従業員たちにかけ続けており、それが社内のメンバーのモチベーションUP、チームの実行力強化の秘訣となっています。

② 個別アプローチ

★「何が人をやる気にさせるか」を知る（HOW）

　次のことについて考えてみてください。人が実行する、やる気を持って動いていく、という場合、何がその人をやる気

第3章　チーム・リーダーシップ

にさせるのでしょうか。反対に、何が人のやる気を損なってしまうのでしょうか。

　これについてはさまざまな考え方があると思いますが、ひとつ確かなのは、「人が動機づけられるものは、人それぞれによって異なる」ということです。それを知るために、次の「モチベーション要因について」のワークを行ってみてください（図表3—11）。

　枠の中に、「会社の方針と管理」「監督（上司）」「職場の人間関係」「給与」「達成感」「仕事そのもの」「自己成長」など、13個の項目があります。この中から、自分のやる気の源（やる気を左右するもの）になっていると思うものを5つ選び出し、影響力の大きいものを1位として、5位まで順位をつけてください。そして「自分」のカッコ欄に順位を入れてください。また、自分が関係している部下や同僚のモチベーション要因（やる気の原因となるもの）を予想して、「メンバーA」「メンバーB」の欄に同様に記入してみてください。

　ここで得られるのは、自分と、他人のモチベーション要因は違うという気づきです。「達成感」や「自己成長」がモチベーション要因になっているという人もいますし、「（人から）承認（されること）」や「人間関係」がモチベーション要因になっているという人もいます。「仕事そのもの」がモチベーション要因になっている人もいます。実にさまざまなのです。

　まず、他人と自分とは、モチベーション要因が違うということを理解してください。自分は「達成感」がモチベーション要因であるので、部下や同僚も「達成感」がモチベーション要因であると思ったり、自分自身は「職場の人間関係」を

図表3—11

```
モチベーション要因について
```

(自分)(メンバーA)(メンバーB)　　　　　　　　　(自分)(メンバーA)(メンバーB)
(　)(　)(　)会社の方針と管理　(　)(　)(　)達成感
(　)(　)(　)監督(上司)　　　　(　)(　)(　)承認(されること)
(　)(　)(　)職場の人間関係　　(　)(　)(　)仕事そのもの
(　)(　)(　)作業条件・環境　　(　)(　)(　)責任
(　)(　)(　)給与　　　　　　　(　)(　)(　)昇進・地位
(　)(　)(　)個人生活　　　　　(　)(　)(　)自己成長
(　)(　)(　)身分・安全

©EQ Partners

非常に重視しているので、他の人も重視しているだろうと思ったりするのは要注意です。人によって、それぞれモチベーションの要因が違うのです。

　ということは、つまり人をやる気にさせるには、それぞれの人のモチベーション要因に対してアプローチしていく必要があるということです。

　ワークでは部下や同僚のケースも想定していただきましたが、企業研修などでこのワークを行う場合は、実際に部下の書いた答えと比較します。

　ある大手通信メーカーの研修で実施した際、マネジャーたちが想定したものと、部下の回答がまったく一致しないということがありました。つまり、それらのマネジャーたちはそれまで、その部下のモチベーション要因を勘違いし、間違っ

たアプローチをしていたということです。当然ながら部下のモチベーションが上がっていかなかった、ということになります。

　何がその人のやる気を大きく左右するのか、「仕事の達成感」なのか「自己成長」なのか、または「人間関係」なのか「承認されること」なのか、それをまず把握することが必要です。自分のスタイルが決まっていると、「自分がこうだから、相手もこうだろう」と判断しがちですが、やる気の源は人によってそれぞれ違うのです。これを知る簡単で最もよい方法は、率直に相手に聞いてみることです。

　やる気に影響する要素がわかれば、対応の仕方も自ずと決まってきます。

　達成感を味わいたいというメンバーには、より高いレベルの仕事に次々に挑戦させ、達成感を味わってもらう、また、自己成長を求めている部下に対しては、新しいことを学べるような仕事を与えていく、さらに、承認されることを重視している部下に対しては、「よくやっているね」「このあたり、よくできたね」「ありがとう」などと極力声をかけて、承認や感謝を与えていくようにします。

　それぞれの人に合ったアプローチをしていくと、顕著に各々のモチベーションが上がり、それがチームの実行力につながっていきます。

★やる気を左右する要因は２タイプある

　次頁の図は、アメリカの心理学者フレデリック・ハーツバーグの理論を表したものです。

　それによると、動機づけの要因には大きく分けて２つあり

図表3―12

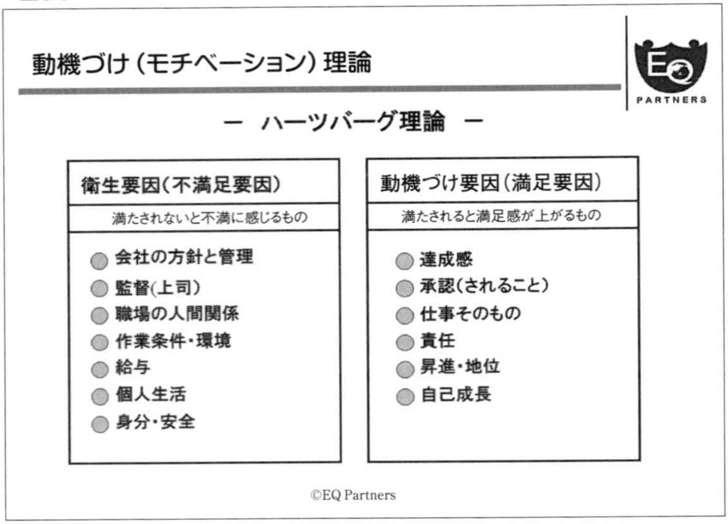

動機づけ(モチベーション)理論

― ハーツバーグ理論 ―

衛生要因(不満足要因)

満たされないと不満に感じるもの

- 会社の方針と管理
- 監督(上司)
- 職場の人間関係
- 作業条件・環境
- 給与
- 個人生活
- 身分・安全

動機づけ要因(満足要因)

満たされると満足感が上がるもの

- 達成感
- 承認(されること)
- 仕事そのもの
- 責任
- 昇進・地位
- 自己成長

©EQ Partners

ます。一つは「衛生要因(不満足要因)」と呼ばれ、満たされないと不満になる要因です。もう一つは「動機づけ要因(満足要因)」で、満たされれば満たされるほどモチベーションが上がる要因です。

　先ほど順位をつけていただいたワークの左側にあったリストは衛生要因で、満たされないと不満に感じるものです。たとえば、会社の方針が悪いと不満を感じる、上司が悪いと不満を感じる、人間関係が悪いと不満を感じる、作業条件が暑かったり寒かったりすると不満を感じる、給料が安いと不満を感じる、個人の生活がよくないと仕事に影響が出る、いつ首になるかわからないとビクビクしていると不満を感じる、

というものです。

　人が不満を感じないように、衛生要因を満たしていく必要があります。しかし、これだけを満たして、さらにどんどん上げていったからといって、やる気がどんどん上がるものではありません。たとえば、作業条件を快適にすればするほど、人は比例してやる気になるかというと、実はそうでもありませんし、給与を２倍にしたらやる気も２倍になるかというと、ほとんどの人の場合そうではないようです。

　それに対して、右側の動機づけ要因（満足要因）は、満たされると、ますますやる気になります。たとえば、「やったぞ」という達成感を味わったら、次もやろう、また次もやろう、と上がっていきます。承認される（人に認められる）と、これもまたやる気がどんどん上がっていきます。仕事そのものが面白いとどんどんやる気になる。責任を与えられれば与えられるほどやる気になる。地位が上がれば上がるほど、また、自己成長すればするほどやる気になるという要因です。

　衛生要因（不満足要因）は可能なかぎり、満たしていく必要があります。しかし、ここばかりに集中していても、人のやる気がどんどん上がっていったり、やる気がずっと継続したりするものではないので、これらを最低限満たしつつ、右側の動機づけ要因（満足要因）にアプローチをしていくことが大切です。

　このアプローチでは筆者も失敗したことがあります。企業の香港事務所にいたときのことです。部下に初めて給与を渡したのですが、その給与に対してある部下が「なぜ自分の給料はこんなに低いのか」と非常に不満を言ってきました。

　筆者はそのとき、この人にとっては給与が非常に重要なん

だと思い込み、次回から給与については十分気を配って、公平で、しっかりと理由が説明できるようにして、とにかく給与を納得感あるものとしてモチベーションを上げようと試みました。ところが、その部下のモチベーションが上がったかというと、多少は上がったと思うものの、期待通りというほどのものではありませんでした。

振り返ってみると、その部下は確かに給与に関して不満を持っていたのですが、本質的なモチベーションということに関しては、自己成長したいとか、上司である私からもっと承認してもらいたいなどの要求があったようなのです。にもかかわらず、私が給与の部分のみに集中してしまったので、その部下のモチベーションを上げられなかったということだったのです。

このように、衛生要因については満たしつつ、動機づけ要因について、より気を配ることが求められます。また、特に本人のモチベーションのカギとなるところにアプローチしていくことが重要です。企業研修やコンサルティングでリーダー、マネジャーの方と接すると傾向として、給与や作業環境、人間関係といった衛生要因のほうに注力しがちなようです。もちろん、衛生要因をある程度満たす必要はありますが、その後は動機づけ要因のほうに注力するようにしていくと人はモチベーションが上がり、チームの実行力につながります。

★高い次元の欲求にアプローチする
　―マズローの欲求5段階理論―

もう一つ、動機づけの理論で有名なものに「マズローの欲求5段階理論」というものがあります。人間の欲求は図のよ

第3章 チーム・リーダーシップ

うに5段階のピラミッドのようになっていて、底辺から始まり、1段階が満たされると、その上の欲求を目指す、というものです。

　第1段階は、食べる、寝るといった「生理的欲求」です。それが満たされると、第2段階の欲求が生まれます。安全に生きていきたい、暮らしていきたいという「安全欲求」です。それが満たされると今度は、社会や会社、グループに属したいという「社会的欲求」に上がっていきます。社会に属すると、今度はその中で自分が一目置かれたい、認められたいという「自我欲求」に上がり、その自我の欲求が満たされると、今度は自分で達成したい、成長したい、といった「自己実現欲求」に移行します。

図表3—13

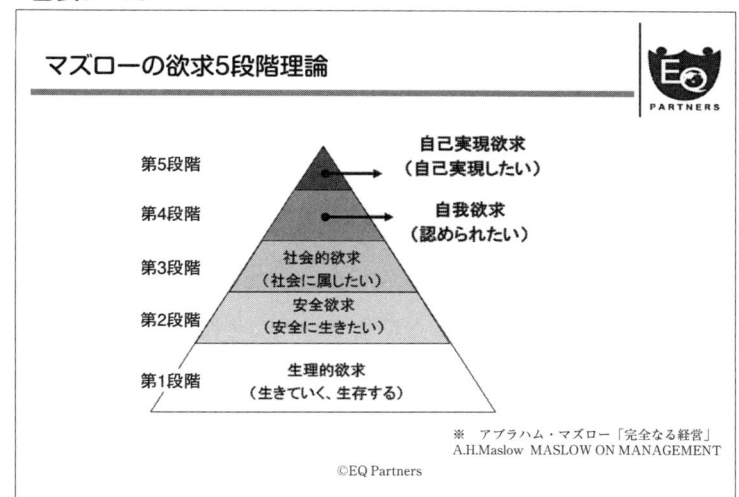

マズローの欲求5段階理論

- 第5段階　自己実現欲求（自己実現したい）
- 第4段階　自我欲求（認められたい）
- 第3段階　社会的欲求（社会に属したい）
- 第2段階　安全欲求（安全に生きたい）
- 第1段階　生理的欲求（生きていく、生存する）

※　アブラハム・マズロー「完全なる経営」
A.H.Maslow MASLOW ON MANAGEMENT

©EQ Partners

たとえば、部下に対する動機づけの方法で「お前、こんなことばかりしていたら首にするぞ！」というのは、安全欲求にアプローチする方法です。それに対して、認めたり褒めたりするという方法は、第4段階の自我欲求にアプローチしています。自分で考えさせて達成感を味わわせたり、自己成長を味わわせたりというのは、第5段階の自己実現欲求にアプローチしていることになります。

より高い次元の欲求にアプローチしていくことは、人を動機づけて実行に導く一つの方法です。

(3) 学習する（Learning）

明確な、正しいビジョン（方向性）があり、適切なアクション（実行）が行われると、企業やチームは、売上、利益、生産性向上など業績をあげ、成功していきます。

チームの成功にとって、この方向性と実行は、不可欠です。

しかしながら、企業やチームの中には、明確な方向性を持ち、実行力を発揮して成功しているチームでも、数ヶ月から1～2年くらいの短期的には成功をしていても、3年、5年、10年以上経つと、成功が継続できなくなったり、成長が止まってしまったりするところを見かけます。1～2年程度の短期ではなく、3年、5年、10年以上の中長期的な成長を持続するのは、チーム・ラーニング（組織学習）がうまくできている企業・チームだということがわかります。

たとえば、世界1、2を争う自動車メーカーとして成功、成長しているトヨタですが、なぜあの会社が伸び続けているのかといえば、チーム・ラーニングが一つの重要な要素です。

トヨタのチーム・ラーニングにおいては、たとえば、「"な

ぜ？"を5回繰り返す」ことにより、メンバーにとことん考え、工夫させることがそれにあたります。

　工場の現場などにおいて、「なぜこの作業をするのか」、「なぜ、このようにやっているのか？」、「何のためにやるのか」などといった考えさせる質問を上司が部下に投げかけ、部下に問題意識を常に持たせ、考えさせ、実行させる。それがチーム・ラーニングです。

　進化論のダーウィンが「強い種族が生き残るのではなく、変化に対応できる種族が生き残る」という言葉を残していますが、チームが変化に対応するためには、このチーム・ラーニングが必要となります。現段階でどんなに強いチームであっても、学習、進化しなければ、変化の激しい社会の中で、生き残っていくことは難しくなります。

　チームが常にラーニングをしていることで、さらにより素晴らしいビジョンづくり、より効果的なアクションにつながっていき、非常に強いチームが作られていきます。

　また、世界でトップクラスの利益を上げるGEも、個人やチームで常に考え抜き、ラーニングをしている組織です。チーム・ラーニングを繰り返すことによって、より良いビジョンや戦略を打ち立て、より良い製品、より良い仕組みを作りながら成長をしているのです。

　ビジョンを作り、実行していくということは、当然、成果を出すために大事なことなのですが、中長期的に組織が成長を持続し、また、その中にいるメンバーも成長していくためには、人の育成が非常に重要になります。

　現代はビジネスの仕方が変わり、ただ単純作業をやればいいとか、他社と同じことを同じようにやれば成功するという

時代ではなくなってきていますから、新しいアイデアや戦略などを生み出す人の育成が重要になってきていることは、皆さん、おわかりいただけることと思います。

●「ティーチング」(答えを教える)と「コーチング」(答えを導き出す)

人材の育成には大きく分けて2通りの方法やり方があります。それが、「ティーチング」と「コーチング」です。

ティーチングというのは、リーダーがメンバーに対して答えを教えていく方法です。

たとえば、「この仕事はこのように進めてください」、「このお客様とは、○○のように対応してください」、「スケジュールはこの通り進めてください」、「こういうことは問題が起こるのでやめてください」というように、答えやノウハウ、スキルを教えていくのがティーチングです。

仕事のやり方やお客様との対応のしかたなど、ビジネスの基本的なことはティーチングすることが多くなります。

それに対してコーチングというのは、答えを相手から導き出す方法です。リーダーが傾聴したり、質問したりしながら、メンバーから答えを導き出していきます。

たとえば、「この仕事はどのように進めればよいと思いますか?」、「このお客様とは、どう対応したらいいでしょうか?」、「スケジュールについては、どう考えていますか?」、「この仕事では、何を注意しないといけないと思っていますか?」というように、リーダーがメンバーに気づきを促す質問を投げかけることで、答えを導き出していくのがコーチングです。

第3章　チーム・リーダーシップ

　皆さんは、どちらのやり方で日頃メンバーの育成をしているでしょうか。
　ティーチングとコーチングには、それぞれにメリットとデメリットがあります。
・**ティーチングのメリット・デメリット**
　ティーチングのメリットは、基本やルールなどを短時間で教えられることです。デメリットは、あまりティーチングばかりを行っていくと、リーダーがメンバーに答えを教えるので、メンバーがいつもリーダーからの答えを待つようになったり、自分で考えたりや判断ができなくなったり、またその結果、成長しなくなったりすることです。また、他人から与えられる答えなので、モチベーションが上がらないことがあ

図表3—14①

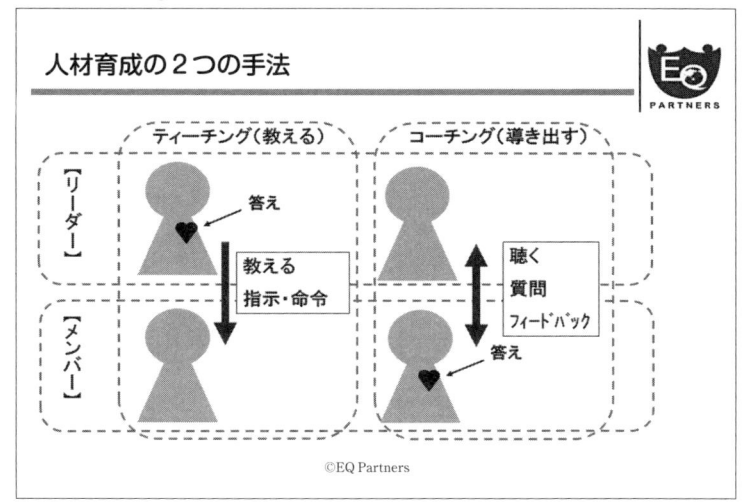

人材育成の2つの手法

	ティーチング（教える）	コーチング（導き出す）
[リーダー]	答え／教える　指示・命令	聴く　質問　フィードバック
[メンバー]		答え

©EQ Partners

ります。

　人は、どうしても、他人から「こうやれ！」と言われるより、自分が考えたことのほうがやる気になるものです。たとえ同じことをするにしても、人から言われた場合と、自分で「これをやりたい」考え、決めた場合とでは、やる気の度合いがまったく違ってきます。

　このように、ティーチングには、成長とモチベーションの部分でデメリットがあります。しかし、ティーチングは確かに必要です。たとえば、新入社員や、まだチームに入りたての基本のできていない人には一から教えるべきですし、お客様からのクレーム対応や工場での品質トラブル、機械の故障など、緊急事態の場合には指示をいち早く出さないといけません。その場合にはすぐにティーチングで対応します。

・コーチングのメリット・デメリット

　コーチングのメリットは、ティーチングとまったく逆で、相手に考えさせることができる点です。メンバーが自主性をもって、自ら考え、行動できる自律型人材を育成することが可能となります。

　また、リーダーが考えていなかったより良いアイデアをメンバーが導き出すことの可能性もあります。なぜなら、メンバーのほうが現場やお客様に近く、より詳しい、新しい情報を持っているからです。

　そのようなことによって、メンバーが成長するだけでなく、リーダーも新しい情報やアイデアを得ることができ、学び、成長することができます。

　反面、相手に経験やスキルが少ない場合には、答えが出にくいことがあります、また、「この仕事の進め方は？」、「ス

ケジュールは?」などと、一つひとつ聞いていくので時間がかかり、緊急時に対応しにくい、というデメリットがあります。

●ティーチングとコーチングを使い分ける

インターネット化、グローバル化、多様化がまだあまり進んでいなかった20世紀には、リーダーがその経験やスキルをメンバーに教えていくティーチングを中心に用いていればよかったのです。変化が比較的少なかったため、過去の経験やスキルがより重要でした。

又、インターネットがまだあまり普及していなかったため、社内外の情報も一般にリーダーがメンバーよりも多く持っていました。

ところが、21世紀に入ると、インターネット化、グローバル化、多様化などの影響で顧客や市場、技術などがすさまじいスピードで変化するようになり、過去の経験やスキルだけでは通用しにくくなってきました。インターネットを有効活用することで、リーダーもメンバーもほぼ同様の情報を手に入れることができるようになってきました。

理想の人材育成とは、この2つの育成手法をそのメリット、デメリットをよく理解しながら、うまく使い分けていくことです。

ティーチングがすべて、コーチングがすべてということではなく、双方を、ビジネスの状況やメンバーによって、効果的に使い分けていくことです。

たとえば、新入社員に対して、仕事の基本や会社のルール、お客様へのマナーといった部分は、当然、ティーチングでし

っかり押さえる必要があります。それができるようになってくると、このお客様に対してはどう接していけばよいか、次回の提案の仕方をどうするか、ということをコーチングで考えさせていくスタイルに移行していきます。

　スポーツや武道、音楽などでも同じだと思いますが、最初は基本をしっかり教えなくてはいけません。基本ができている人と、我流でやっている人とでは、その後の成長に大きな差が出てきます。基本ができるようになると、メンバーが自分なりの工夫ができるようになるので、そこからはコーチングをより多く活用していきます。

　次図はティーチングとコーチングの使い分けを表したものです。

　横軸は、相手の経験やスキルのレベルを表し、縦軸は相手に教える割合を表しています。

　新入社員や入ったばかりのアルバイトの人のように、相手の経験やスキルが少ない場合は、通常、ティーチングで教えていきます。ところが、3ヵ月、6ヵ月、1年と経って仕事ができるようになってくると、あえて少しずつ教える量を減らしていきます。そして答えを引き出すコーチングの割合をだんだん増やしていくと、リーダーが一つひとつ答えを教えずともメンバーが自分で考えるようになっていきます。

　相手のレベルに合わせて、ティーチングとコーチングの割合をうまく考えながら、徐々にコーチングを増やすようにしていくのがよいでしょう。

　筆者自身はかつて、リーダーはメンバーに仕事の仕方などはすべて教えるものだと思っていたので、常にティーチングのスタイルをとっていました。すると、メンバーが答えはリ

第3章　チーム・リーダーシップ

図表3―14②

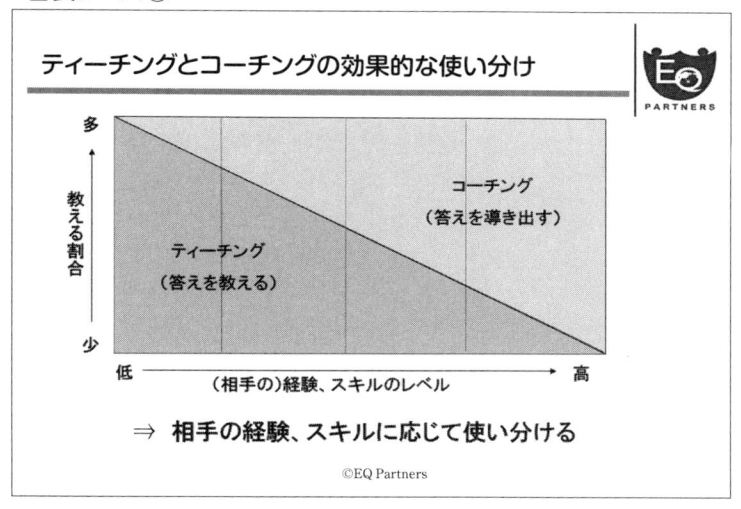

ティーチングとコーチングの効果的な使い分け

（グラフ：縦軸「教える割合」多⇔少、横軸「（相手の）経験、スキルのレベル」低⇔高。低スキル側は「ティーチング（答えを教える）」、高スキル側は「コーチング（答えを導き出す）」）

⇒ **相手の経験、スキルに応じて使い分ける**

©EQ Partners

ーダーに教えてもらうものと思いこみ考えなくなり、指示待ち型になったり、せっかく能力とやる気のあるメンバーが、指示命令をしすぎることにより、やる気をなくしてしまったりしました。また、当時はコーチングという方法を知らなかったので、リーダーである自分が答えを持っていないときに非常に困ってしまい、的確なリーダーシップを発揮できないということもありました。

　こういった場合には、率直に相手に情報やアイデアを聴いていくコーチングが有効です。むしろメンバーのほうが、お客様や市場をよく知っていたり、従来のやり方とは違うものの見方ができたりするものです。リーダーはそれを導き出す

ことができるのです。

　最近、企業の経営者や取締役の人々を対象とした、コーチング・スキルUP研修を行うことが増えてきました。
　たとえば、営業部門の部長だった人が取締役になると、自分の得意分野である営業部門のほかに人事や経理部門、場合によっては技術や製造部門を担当することがあります。そうなると、営業部門に対しては営業の経験もスキルも十分にあるのでティーチングができますが、人事や経理部門についてはなかなか難しい。また、技術や製造部門に関しては、まったく専門外のことで、ティーチングがしにくくなります。そうすると大きな壁にぶち当たって困ってしまう、ということがあります。
　その壁を乗り越えるためには、自分の基本的な考え方、基軸は持ちつつ、コーチングを行って現場の声やアイデアを引き出すことで、取締役としてうまくビジネスを展開していくことができます。
　たとえば、大手電気メーカーのH取締役は、営業分野一筋で、営業課長、営業部長となり、その後、工場の製造部門を含めた取締役となりました。
　工場製造部門での経験はまったくありませんので、製造や技術のことは、現場の社員、部課長から聴き出していきます。そして、「今後どのように進めればよいか？」、「今後の予想される問題点は？」などと、さまざまな質問により答えを導き出していきます。その出てきた答えに対して、自分の考え方を照らし合わせ、問題ないと判断したらその案を採用しますが、おかしいと思ったら、他の切り口から質問するコーチ

ングを行って、相手の考えを深めたり、気づきを促したりしながら、より良い結論に導いていきます。

　このようにして、自分の専門ではない分野に対しても、うまくコーチングを活用することにより、取締役としての役割を見事に遂行しています。

　もちろん、このようなことは取締役の場合に限りません。たとえば、自分のポジションが上がり、より多くの分野を担当するようになった場合や、これまで一担当者だったAさんが、自分の仕事だけではなく、BさんやCさんの担当している仕事にも責任を持つようになった場合、当然、BさんとCさんの業務に関しては、彼らのほうがよく知っているわけです。

　「（リーダーは）すべてを教えなければならない」と思い込むのではなく、わからないこと、メンバーのほうがよく知っていることなどについては、躊躇せず、メンバーから答えを導き出すことがポイントです。そのほうが、メンバーもやる気になり、成長につながっていきます。その部下の知識や経験、情報などをうまく引き出していくために、コーチングを使っていけばよいのです。

　また、当然、自分よりスキル・経験の多い部下もいます。
　よくリーダーが困る問題が、自分よりスキル・経験の多い人にティーチングはできないというものです。それでプレッシャーを感じたり困ったりするのですが、コーチングは相手のスキル・経験が自分より多くても可能です。

　たとえば、ゴルフの世界のトップ・プロであるタイガー・ウッズ氏のコーチは、ウッズ氏よりもゴルフのプレー自体はうまくないはずですが、ウッズ氏がゴルフのレベルを上げ、

試合で勝つようにコーチングすることはできます。元メジャーリーガーの松井秀喜選手のコーチは、松井選手よりバッティングがうまくないはずですが、バッティングに関するコーチングはできます。

ビジネスの場合もまったく同様です。技術専門のメンバーよりもその技術には長けていなくても、コーチングは可能なのです。

●アフター・コーチング

ビジネスの状況が緊急時の場合は、基本的にスピード対応ができるティーチングで対応します。たとえば、お客様との間でトラブルが発生している、品質の問題が発生した、などの場合は、なにがなんでも至急対応しなければならないわけですので、ティーチングで対応し、すぐにお客様に謝罪しご説明に伺う、また、すぐに品質の原因を突き止め、対策を講じるなどが必要です。

このような場合、筆者が特にお薦めしているのが、アフター・コーチングという手法です。

例えば、トラブルが発生したとき、こうやって対応しなさい、こう説明しなさいなどとティーチングしますが、トラブルが解決した後、「なぜそういう指示を受けたのか考えてください」、「次回、自分だったらどう考え、行動するか？」、「今後、このような問題を起こさないためにはどうすればよいか？」などということを、コーチングする方法です。

このようなアフター・コーチングを行うと、今回はティーチングで対応したものの、今後は、同じような事態に対して、メンバーが自分で考え、自分で行動できるようになってくる

第3章　チーム・リーダーシップ

可能性があります。そうすると、緊急時に、リーダーに指示を仰がなくとも、メンバーがその場で迅速に対応できるため、事態の対応が早くなります。

　また、メンバーも成長し、リーダーにとっても、緊急時ごとに毎回、指示を出さなくても済むようになるため、リーダー自身も楽になり、本来取り組むべき業務やそれ以外の業務をすることができるようになります。

　このように、アフター・コーチングは非常に効果があります。

　以前、ある大手電気メーカーの部長職の研修を行った際に、「今、会社はほとんどすべてのことが緊急対応である」、「したがって、いつも迅速に指示命令を徹底していかなければならない」と言われる方がいました。

　しかし、だからといって、リーダーがすべてティーチングをしていると、いつまでもティーチングしなくてはならなくなり、現場でメンバー一人のときに判断ができず、緊急対応が遅れることがあります。現に当時その会社はこのような上が決定して下が従うというトップダウン型リーダーシップが強すぎたため、一流企業で優秀なメンバーをそろえているにもかかわらず、メンバーのモチベーションがかなり低い状態にあり、会社の業績もふるいませんでした。そうならないように、アフター・コーチングを積極活用し、メンバーが自分で考えて判断し、動けるように育成していくことが重要です。

　次は、ある外資系企業の女性マネジャーのケースです。
　この方は実に教育熱心で、部下が相談に来ると20分でも30分でも、場合によっては1時間でも懇切丁寧に教える人でし

た。一見、教育熱心で非常によくみえ部下もよく育つように思えるのですが、あるとき気づくと、30歳前後の部下が、自分で何も考えられない完全な「指示待ち社員」となってしまいました。自分で判断できず、すべて彼女のところに聞きに来るのです。

　そこで、そのマネジャーに、ティーチングの割合を減らし、コーチングを中心に指導するようにお願いしました。そして、部下が相談に来たら、これまでのように、すぐに答えを教えるのではなく、「あなたはどう考えるのか」と質問をしてもらうようにしたのです。

　そうすると、部下は最初、ひどく戸惑ったようです。でも、考えてもらうことを続けると、だんだん自分の意見を持ってくるようになりました。そこで、「それいいじゃない。やってみましょう」と後押しをしていくと、その部下にだんだんと自信がついていき、2～3ヵ月も経つとマネジャーが気がつかないようなアイデアを次々と持ってくるようになりました。

　当然、部下のほうがお客様も市場もよく知っているので、アイデアを持っています。結果、その部下は自立していきました。

　リーダーやメンバー、ビジネスの状況にもよりますが、1人のリーダーがティーチングを中心にメンバーの育成を行う場合、多くても10人くらいまでが限界ではないかと思います。10人以上のより大きなチームを作る場合、コーチングをうまく取り入れないと難しいでしょう。

　ティーチング中心で指導を進めていた人が、急にコーチングに切り替えると、これまでメンバーは、「こうしなさい」、

「ああしなさい」とすぐに答えをリーダーが教えてくれていたものが、「あなたは、どう考えますか？」、「あなたのアイデアは？」などとコーチングで質問をされるので、戸惑いを感じることがあります。

　筆者の経験や、多くのリーダーの方々の経験をお伺いすると、２〜３ヵ月このようなコーチングを粘り強く繰り返していくと、それまで指示待ち型だったメンバーも、答えは与えられるものという意識から抜け出して、徐々に自分で考え、行動するようになっていきます。そうして自律型のメンバーに成長していきます。それまで根気強く、継続してやっていくことです。

　筆者の場合、このティーチングとコーチングをどのように使い分けているかですが、まず、相手が経験やスキルの少ない人であっても、コーチングを試みるようにしています。
　「このプロジェクトはどのように進めていけばいいと思いますか？」「この問題について、あなたはどう考えますか」などということを聞きます。そうすると、たとえ経験の浅いメンバーであっても、自分なりに調べていたり、よく考えていたりして、そのメンバーなりの答えが出てくる可能性があります。これは質問しなければ分りません。
　答えが出てくるようだったらしめたもので、そのまま質問を繰り返し、コーチングを続けます。もし答えが出てこないようであれば、「今回は、このように対応してください」などとティーチングに切り替えます。
　そして、仕事を終えたあとで、「やってみてどうだったか？」、「うまくいった点は？」、「うまくいかなかった点は？」、

「次回、自分で行う場合、どのようにするか？」などアフター・コーチングを行います。そのようにすると、次回以降、リーダーがティーチングをせずとも、メンバーが答えを出せるようになる可能性があります。自分で考え、行動できるようにしていきます。

　ちなみに、自分自身で考えること、自分で自分に問いかけて答えを出していくことをセルフ・コーチングといいますが、リーダーがメンバーに対して、コーチングやアフター・コーチングを繰り返していくと、メンバーは自問自答し、自分で自分をセルフ・コーチングできるようになります。

　そうすると、リーダーからコーチングを受けなくても、自分で自分をコーチングできるようになるので自立、成長していきます。すると、そのメンバーが今度は自分の下のメンバーをコーチングできるようになります。そして、そのメンバーも自立していくという、チームにとって、コーチングを通じた良いスパイラルが生まれ、そのチームが学習するチームへとなっていくのです。

●**コーチングのベースとなる「信頼関係」**

　コーチングに関して、もう少し詳しく解説します。ここでのコーチングは、リーダーシップを発揮しながら使うコーチングということで、「リーダーシップ・コーチング」と定義します。

　リーダーシップ・コーチングは、相手の可能性を最大限に引き出し、成功と成長に導くコミュニケーション手法です。当然ながら、チームが成功したり、売上や利益を上げたり、生産性や品質を向上したりという、ビジネスの成果を上げる

必要はあります。チームを成功させることは一つの重要な目的です。

ただ、チームが成功するだけではなくて、メンバーの能力を高めたり、知識を増やしたり、技術を高めたりと、メンバーも成長していかなくては持続的なチームの成功にはつながりません。

チーム・リーダーシップには、短期的のみならず、中長期的に持続的に価値を創造していくことが求められるため「チームの成功と個人の成長」という、この2つの視点を両方とも実現していくことが必要になります。

チームは業績を上げているけれども、メンバー個人が心身ともに疲れ切っていたり、何も成長していなかったり、逆にメンバー個人は楽しく働いているのにチームはうまくいっていないということではなくて、チームとメンバーの双方がWIN—WINの関係になるように進めていくのが、リーダーシップ・コーチングの目的です。

リーダーシップ・コーチングのポイントは、相手が答えを導き出すことをサポートしていく、引き出していくということです。前述のように、人は、与えられるより自分で答えを出すほうがやる気になります。進んで行動し、学びも成長も大きいので、いろいろな切り口で質問したり、ヒントを出したりしていきながら、相手から答えを引き出すようにします。

その際に、コミュニケーションスキルを活用します。育成のためのコミュニケーションスキルには、傾聴、質問、フィードバックなどがあります。

しかし、「コミュニケーションスキルを使って引き出そうとしても、メンバーが答えてこない、本音で話をしてくれな

い」といった悩みをリーダーからお聞きすることがあります。そのようなときには、そのリーダーとメンバーの間の信頼関係の度合いについて確認してもらいます。信頼関係がない中で、このコミュニケーションスキルを使って質問し、傾聴し、フィードバックしても、よい答えは導き出せませんし、チームの成功とメンバーの成長を両立させるコーチングは成立しません。

　信頼関係は、すべてのビジネスの基盤ともいえるたいへん重要なものです。

　信頼関係をテーマに研究を進めているステーブン・コビー氏は、その著書『SPEED OF TRUST』の中で、ビジネスの成果は、通常、方向性×実行力で表現できるが、人が関与する組織においては、もう一つ信頼関係という要素が加わると述べています。

成果＝方向性×実行力×信頼関係

　信頼関係が100％のチームであれば、100％の力が発揮できますが、信頼関係が80％であれば、本来チームが出せる成果の80％、50％であれば50％の成果しか得られなくなります。

　そのくらい信頼関係はチームにとって重要な要素であることを、再確認すべきです。

　筆者自身、自分の経験した組織、また、お付き合いさせていただいている企業をみると、その信頼関係のもたらすチーム力への影響はたいへん大きなものを感じます。

　では、どうすれば信頼関係を高められるのでしょうか。

　どうメンバーと信頼関係が作れるでしょうか。

　さまざまな要素があると思いますが、その一つに "能力が

ある"ということが挙げられます。たとえば、リーダーはリーダーとしての能力を持っていないと、部下はついていきたいとは思わないものです。全然能力がない、判断力もスキルもない、コミュニケーション力もないという人を信頼することはできません。一方、仕事の能力はあるけれど人間的に感心しない、尊敬できない人も信頼できません。

やはり、ある程度の能力があり、相手に対する理解や配慮もあると、信頼できるようになります。信頼関係がうまく築けていない場合は、能力か対人力、2つのうちのどちらが課題なのかを考える必要があります。

対人力が課題の場合は、お互いにより理解を深めたり、本音を言い合ったり、オープンに話をしたりということをするとよいでしょう。ちょっとぶつかり合うこともあるでしょうが、「私はこう思っている」、「こうしてほしい」ということをお互いに話しながら少しずつ理解を深め、信頼関係を築いていくと、コーチングが機能するようになっていきます。

●**チーム・ラーニング　クリエイティブ・ダイアログ**

ティーチングとコーチングをマスターしたうえで、21世紀型ラーニング手法として、「クリエイティブ・ダイアログ（創造的対話法）」という方法をご紹介します。

ティーチングはリーダーがメンバーに教えること、コーチングはリーダーがメンバーから引き出すことで、いずれにしても、どちらか片方だけから答えを出していく方法です。

これに対し、クリエイティブ・ダイアログは双方の知恵を重ね合わせながら、ラーニングを起こしていく方法です。双方で考え、議論し、刺激し合って、新しいものを生み出して

いくというのがクリエイティブ・ダイアログです。双方ともが答えを持っていなくても、クリエイティブな対話をすることによって、新しい解を見出していくという考え方です。

クリエイティブ・ダイアログのポイントとして、まず、方向性が共有されていることが基本です。たとえば、ある業界でNo１になろう、世界に一つしかない製品を作ろう、より多くの人に喜んでもらう組織となろう、などといった大きな方向性（ビジョン）が共有されていることが１つ目のポイントです。

２つ目は、オープン、率直な対話です。

「こういうことを言ってはいけないのではないか」、「この情報は言わずにおこう」ということではなく、可能な限り（守秘義務にかかわることや、ビジネス上問題があるものなどを除き）方向性実現のために役立つ情報はオープンにし、思っていることは率直に話すことが大事です。すると、相手からまたオープンな答えが返ってきて、それが積み重なり合い、より素晴らしいものが生み出されます。

コーチングでもティーチングでも、双方がオープンであることは共通することですが、クリエイティブ・ダイアログでもオープンに、そして深く思考しながら、対話（ダイアログ）することが大切です。

３つ目に、前向きであるということです。最初から難しそうだ、無理だとは思わず、「こういう障害があるけれど乗り越えていこう」、「こういうふうにすればもっとよくなる」という前向きな姿勢が大切です。

共通の方向性を持ち、オープンに、そして前向きにやっていくことが、クリエイティブ・ダイアログにおける重要な３

図表3—15

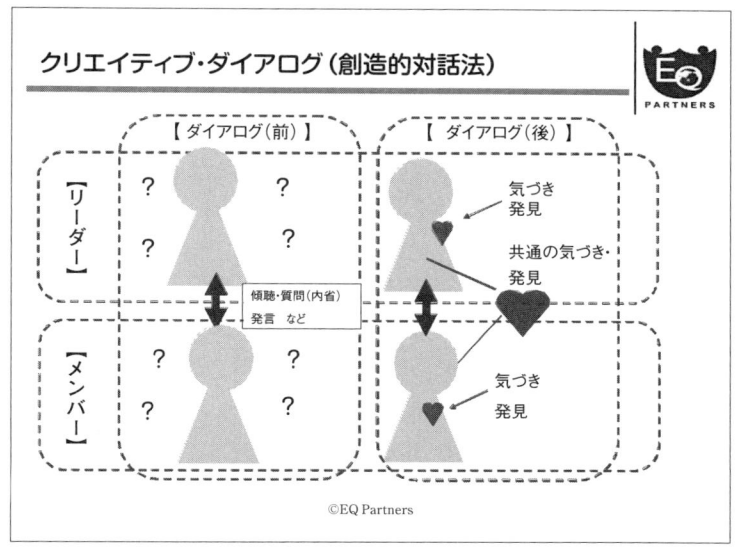

クリエイティブ・ダイアログ（創造的対話法）

【ダイアログ（前）】　　【ダイアログ（後）】

[リーダー]

[メンバー]

傾聴・質問(内省)
発言　など

気づき
発見

共通の気づき・
発見

気づき
発見

©EQ Partners

つのポイントです。

　自分の経験や考えなどを振り返って話し、また相手の経験や知識から話すという対話の中で、お互いの知恵が湧き出てくる状態がよいラーニングといえます。

　さらに、ラーニングというと、机上で書物から学び取ったりということを想像する方も多いと思いますが、ビジネスにおけるラーニングは、やはり実践し、経験となってこそのものです。

　学びと実践の繰り返しの中から本当のラーニングが起こってくるので、頭で考えているだけではなく、また、何も考え

ずに動くのでもなく、頭でしっかりよく考え、愚直に実践をして、また深く考え、実践して、というように何度も何度も繰り返すことが大切です。ビジョンを作り出し、アクションして、学んでいくという、学びと実践の繰り返しが基本です。

　そして、振り返りも大事です。なぜうまくいかなかったのか、次はどうすればいいのか、などを考えて前に進んでいくことが必要です。あらゆるビジネスは、学びの良い教材となります。

　優秀な企業家や科学者の思考を分析すると、深くものを見て考えて、オープンに議論をして、素早く実行する。それでダメだったらまたやり直す、というパターンがあるようです。あの発明王エジソンでも100回中99回が失敗で、成功するのは1回くらいの確率であって、考えて実行して、という繰り返しである、と言っています。

　深くものごとを洞察して、考えて、自然の流れで実行する。この繰り返しがクリエイティブ・ダイアログで最も重要なところです。

　また、チーム・ラーニングには固定観念にとらわれないことが重要です。「このビジネスはこういうものだから」、「この商品はこうだから」という固定観念を持たずに、オープンに考えていくというのもクリエイティブ・ダイアログのポイントの一つです。

　たとえば、携帯電話は電話するものである、という固定観念を持つと、iモードやおサイフケータイのような新しいサービスは生まれなかったでしょうし、携帯電話とデジカメは別のものという思考で固まっていたら、カメラ付き携帯電話

は登場しなかったかもしれません。先入観を乗り越えてものを見ていくこと、パラダイムを乗り越えていくことがクリエイティブ・ダイアログには必要になります。

松下幸之助氏は「素直」という言葉を大事にして、自分がグループ会社の経営を任せる人に「素直」と書いた直筆の色紙を手渡していました。素直な心というのは、常識にとらわれずにものを見て、深く考えて、議論することによって、新たなものが生み出されるということです。松下氏のいう素直な心と、固定観念を持たないというのは、ほぼ同じ意味だと思います。

当然のことですが、リーダーにとって、学びは非常に大事です。リーダーとしての重要な要素として、自分が学ぶ力を持っていること、また、メンバーに学ばせる力を持っていることが挙げられます。これを身につけていくのがラーニングの目的です。優れたリーダーは何からでも学ぼうとします。人と会うと、自分よりも若い、経験の少ない人からでさえ、貪欲に学ぼうとします。

例えば、花王の元会長である後藤卓也氏を経営者セミナーでお見かけしたことがあります。そのとき後藤氏は、自分よりも20才以上も若い経営者の講演を会場の前方に座わり、真剣に話を聴きメモをとられていました。花王という大企業の経営者でありながらもこのように自分よりも若い経営者から謙虚に学ぶ姿勢には、たいへん感銘を受けました。

21世紀はインターネット化、グローバル化、多様化の影響（第1章で解説）を受け20世紀よりも格段に答えが見い出しにくい時代となっています。今後もその傾向はさらに加速していきます。リーダーもメンバーも答えを持っていないとき、

クリエイティブ・ダイアログの中でそれを見出していくというのも、最適な解を見つけ出す一つの方法だと思います。

●ディスカッションとダイアログ

話し合いや議論というとディスカッションをイメージされるかもしれませんが、筆者はそれよりも「クリエイティブ・ダイアログ」（創造的対話法）をお薦めしています。

このことは学習する組織の推奨者MIT（マサチューセッツ工科大学）のピーター・センゲ氏の経営者・リーダー向けワークショップに参加した際に教えてもらい筆者自身、大きな気づきとなったことです。

ディスカッション［discussion］にはもともと「砕く」という意味があり、問題を細かく分解して解決するというのがディスカッションです。一方、ダイアログという語は、ギリシャ語のダイア（「流す」）とロゴス（「意味」）から成ります。

ダイアログは「意味を流す」ということで、答えを出すことを目的とするディスカッションではなく、オープンなマインドを持ち、考えて、気づきを得ながら対話することです。必ずしも一つの結論を導き出すことが目的ではないのです。

「そうか、そういう考え方もあったのか」、「そうだ、自分はこうすればいいな」など、互いの人たちが、別々の答えに気づいてもかまいません。個人の気づきや振り返りを含めた対話という感じです。

このダイアログという方法は、日本の組織では、まだあまり理解、実践されてないようです。はっきりした答えや結論を出すことが優先されています。

現在のように、上司も部下も初めから答えを持っていない

時代においては、「こういう考え方はできないか」、「こうすればどうだろう」などと、お互いに少しずつアイデアをオープンに出していくということをやっていきます。そこで、皆で少しずつアイデアを出し合いながら作り上げていく「クリエイティブ・ダイアログ」を行っていくことも、創造的な答えを生み出すためには効果的です。

3—6 ビジネスパーソンに求められる3つの機能（役割）リーダーシップ・マネジャーシップ・プレーヤーシップ

（1）リーダーシップとマネジャーシップ

まず、リーダーシップとマネジャーシップについて解説します。

一言でいうと、リーダーシップは創造＆変革能力、マネジャーシップは管理能力です。ここでは、新しい事業を創造したり事業の変革をしたりするのがリーダーシップ、そして、新しく作られたものや変革されたものに対して、管理や監督をすることをマネジャーシップと定義します。

たとえば、新しい事業やビジネスを起こしたり、企業や組織の状態があまりよくないときに組織変革したりするのがリーダーシップです。一方、立ち上げた事業を効果的、効率的に管理、運営していくことがマネジャーシップです。

リーダーシップ、マネジャーシップ双方とも、どちらが良くて、どちらが悪いというものではなく、企業や組織にとって共になくてはならないものですが、この2つをビジネスの状況に合わせて、効果的に使い分けていくことが重要となります。

リーダーシップは、新しいことを立ち上げたり、変革を推進していったりする際に発揮されるので、ある程度のリスクを取る、また場合によっては、かなり大胆なリスクを取っていく必要があります。IBMのルイス・ガースナー氏が、大型コンピューター中心のハードウェア・ビジネスからソリューション（解決提案）型ビジネスへ方向転換したのも、変革のために大きなリスクに挑戦した例です。

　また、リーダーシップは、新しいことを起こしたり、変革に導いたりすることですので、新しい方向や変革の方針を示さなくてはいけない、つまり、ビジョンや戦略を構築する必要があります。そして、なぜそのような方向を目指すのか（Why）、また、何をやっていくのか（What）ということをチームの中で明確にすることが重要です。

　これに対してマネジャーシップは、決められた物事を適切に行ったり、しっかりと管理したり、改善したりする場合に発揮されます。こちらの場合はリスクをとるよりも、リスクを回避していくことになります。

　また、リーダーシップは中長期的な視点に立って考えていきますが、マネジャーシップはどちらかというと短期的な視点で、ビジネスの形態や役割、置かれている状況などにもよりますが、たとえば1ヵ月、3ヵ月、6ヵ月以内というような比較的短いスパンで考えていきます。それに対し、リーダーシップは1年後、3年後、5年後、10年後、場合によっては30～50年後といった具合に、長い時間の流れの中でビジョンや戦略を練っていきます。

　さらに、マネジャーシップの場合は、きっちり規則や計画を立てて動かし、適切な段取りやスケジュールを組んで動い

ていきます。なぜやるのか、何をやるのかがリーダーシップで決められた後に、どのようにやっていくのか、いかに効率的に、効果的にやっていくのか、を決めるのがマネジャーシップということになります。

　リーダーシップもマネジャーシップも、どちらが良いとか悪いとかということはありません。野球などのスポーツに例えると、攻めの部分がリーダーシップで、守りの部分がマネジャーシップというイメージです。攻めも守りも双方が欠かせないように、リーダーシップもマネジャーシップも両方をバランスよく機能させることで、成功と成長を導くチームとなっていきます。

　次頁の図はリーダーシップを縦軸に、マネジャーシップを横軸に取って、そのバランスと企業の成長の関係を表したものです。

　リーダーシップもマネジャーシップも共に弱い企業というのは「未熟な企業」です。事業をうまく立ち上げられなかったり、他社との競争に勝てず、このままでは勝ち残ることは難しくなります。

　リーダーシップは非常に強いけれど、マネジャーシップがまだまだ弱いというケースは「成長する企業」にあたり、ベンチャー企業の創業当時などにみられます。起業家がビジョンや戦略を強く打ち立てて、そこに向かって社員全員が動いていくというような組織です。

　ところが、そのベンチャー企業が、社員数が100人、300人、500人、1000人と増え、企業として大きくなるに従って、リーダーシップだけでは立ち行かなくなります。管理能力、つ

まりマネジャーシップを強化していかないと、組織で管理上のミスが起こったり、コミュニケーション上のトラブルが起こったり、法令順守やコンプライアンスの問題が起こったりして、ときにはチームの存続にかかわることも出てきます。

　企業が継続、発展していくためにもマネジャーシップの強化は必要です。そして、リーダーシップもマネジャーシップも強化していくと、「成長・発展する企業」になっていきます。

　マネジャーシップが強くて、リーダーシップが弱い組織は「成熟した企業」にあたり、典型的な大企業に見受けられる

図表3―16

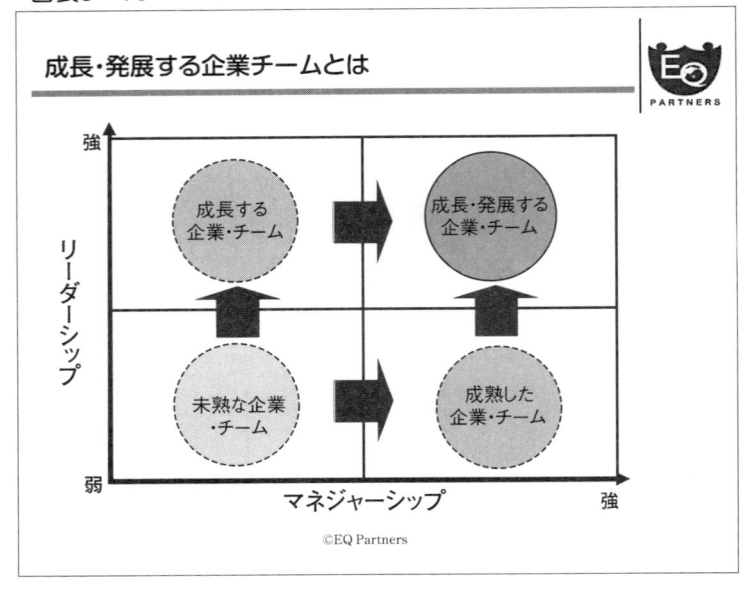

成長・発展する企業チームとは

	マネジャーシップ弱	マネジャーシップ強
リーダーシップ強	成長する企業・チーム	成長・発展する企業・チーム
リーダーシップ弱	未熟な企業・チーム	成熟した企業・チーム

©EQ Partners

ケースです。社員数が50人、100人、500人、1000人、さらに1万人を超えた企業に関しては、管理・監督のマネジャーシップが強くなりますが、逆にいうと、新しいものを創造したり変革したりするリーダーシップが弱い組織になってしまうケースがあります。このまま創造・変革能力がなくなると、衰退期に入っていくことになりますので、そういった組織に関しては、変革のためのリーダーシップを強化していく必要があります。

パナソニックは、2000年までは管理・監督、つまりマネジャーシップが非常に強く、新しいものを生み出す力が弱くなっていました。しかし2001年以降、中村邦夫社長が、経営理念以外はすべて変革する「破壊と創造」というコンセプトを打ち出し、過去のしがらみや悪しき慣習を破壊して新しいものを創造するという方向で動きました。

パナソニックはかつて会社の中をたとえば、テレビ事業部、オーディオ事業部、エアコン事業部など複数の事業部に分けて、各事業部が独立採算で経営する事業部制を採っていましたが、事業部門同士のコミュニケーションがうまくとれなかったり、社内の事業部同士で不必要な競争をしてしまったりして事業部同士の相乗効果が望めず、今の時代にそぐわなくなっていました。その事業部制を廃止したり、ナショナルショップという家電販売店の体制を大きく見直す対策を行ったりして、再度、成長・発展する企業に変革したという事例があります。マネジャーシップが強くなりすぎていた組織が、リーダーシップを強化し、変革を成し遂げた例です。

このように、置かれている状況に応じてリーダーシップと

マネジャーシップを強化していくことが重要です。

　すべての人たちが、この優れたリーダーシップ能力とマネジャーシップ能力を兼ね備えているのが理想の状況です。しかしながら、すべての人が、スーパーマンのように何でもできる、優れているということは現実ではあり得ません。それぞれの人によって、得意、不得意や向き、不向きがあります。
　そこでお薦めしたいのが「Co-Leadership（共同リーダーシップ）」という方法です。人によって、リーダーシップが強い人、マネジャーシップが強い人がいます。リスクを取り、新しいことを打ち出すリーダーシップと、リスクを回避し、管理するマネジャーシップは、似て非なる能力です。一人で双方を完璧に実行しようとすると、なかなか大変です。もし自分がリーダーシップが得意で、マネジャーシップが比較的不得意であれば、状況によって、マネジャーシップは他の誰かに任せたほうがよいのです。
　たとえば、ホンダの創業者、本田宗一郎氏は天才的な技術者で、リーダーシップを強みとする人です。新しいオートバイを作ろう、これまでなかったクルマを作ろう、世界一になろうなど、次々と新しいことを打ち出し、挑戦を繰り返しました。ところが本田氏は、経営や経理などに関しては得意ではありませんでした。本田宗一郎氏と名コンビといわれた藤沢武夫氏は経営や経理などのマネジャーシップが得意な人です。この2人がそれぞれ得意分野であるリーダーシップとマネジャーシップを分担し、Co-Leadershipをうまく発揮してきたため、ホンダは、その創業期、成長期に飛躍、成長を遂げることができました。

第3章　チーム・リーダーシップ

　強力なリーダーシップを個人で発揮するワンマンリーダーのデメリットは、その人が引退したり、別の部門に移ったときなどに、その後のチーム力が極端に弱くなることです。たとえば、ダイエーの創業者中内功氏などの例が典型的です。中内氏の強力なリーダーシップで、ダイエーは発展してきましたが、晩年は、経営的な判断を見誤ったり、後継者が育っていなかったりで、自主経営ができなくなってきました。Co-Leadershipをとるのはこのように企業単位でも部課やより小さなチームの単位でも有効です。

　リーダーシップは得意であるがマネジャーシップは得意ではない人、逆に、マネジャーシップは得意であるがリーダーシップは得意ではない人がいると思いますが、自分の強み、弱みを理解して、組織は今、どういう時期なのかを理解し、状況に応じてリーダーシップやマネジャーシップを人と共同して行なう、人に任せることが重要なのです。

　最近、欧米では、マネジャーシップ過多、リーダーシップ不足（組織での管理機能が強すぎて、変革機能が弱くなっている）ということが指摘されており、リーダーシップ開発の強化に特に力を入れています。

　日本人は比較的まじめで完璧主義であるため、きっちり管理するのが得意で、リーダーシップよりもマネジャーシップが強くなる傾向があります。しかし、ビジネスの環境変化が激しく、新しいことを立ち上げたり変革が求められる現在、マネジャーシップとともにリーダーシップに対する期待がより大きくなってきていると感じます。

　次頁の図は、リーダーシップ＆マネジャーシップと企業の

発展の関係を別の形で表現しているものです。

　企業や組織にはそれぞれ発展段階があります。事業立ち上げの「創業期」、徐々に拡大していく「成長期」、安定している「成熟期」、そして成熟期を経て再び変革が必要になる「変革期」という成長発展段階です。これらの段階によって、リーダーシップを強化すべき時期と、マネジャーシップを強化すべき時期があります。

　創業期は当然、組織を立ち上げたばかりなので、ビジョンを打ち立てるなどリーダーシップが強くなります。そしてだんだんと組織が大きくなってくると、管理・監督の重要度が

図表3—17

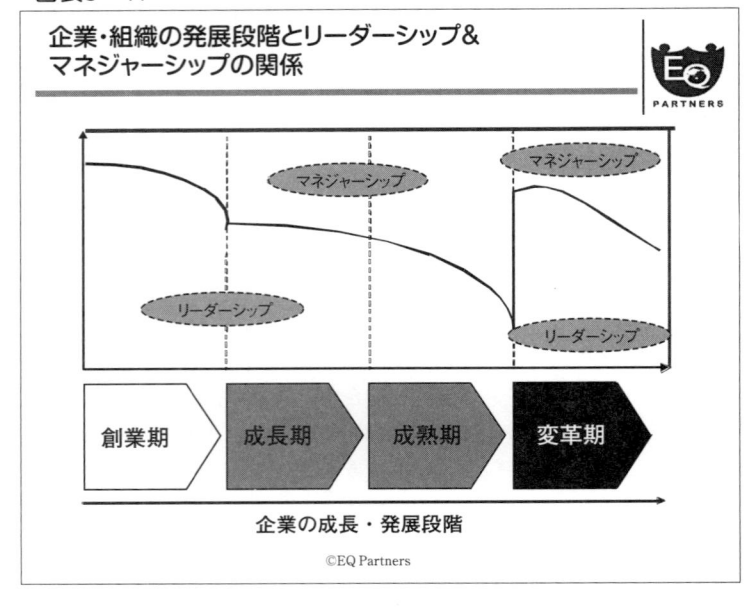

企業・組織の発展段階とリーダーシップ＆マネジャーシップの関係

企業の成長・発展段階

©EQ Partners

高まり、またミスなくやることが大切になってマネジャーシップが強化されていきます。しかし、マネジャーシップが行き過ぎると、今度は変革能力が弱くなって、前述の日産自動車やパナソニックの例のように、強力なリーダーシップで変革する必要が出てきます。

　これは大きな企業単位でみてもそうですし、部門単位でみても同じことがいえます。たとえば、新たなプロジェクトを立ち上げるときにはリーダーシップが必要ですし、そのプロジェクトがうまく回り始めたらマネジャーシップを強化し、再び新たなプロジェクトを起こしたり、プロジェクトを大きく変革したりしていく時期にはリーダーシップが必要になる、という感じです。

　皆さんの会社もしくはチームは、創業期、成長期、成熟期、変革期という組織の発展段階の、どの段階にあたるでしょうか。その段階によって、リーダーシップとマネジャーシップのどちらを強化すべきなのかがわかりますので、自分のチームの置かれている状況を見極めながら、力を発揮していただきたいと思います。

(2) LMP（リーダーシップ・マネジャーシップ・プレーヤーシップ）モデル分析

　ここまでリーダーシップとマネジャーシップについて述べてきましたが、特に日本の企業・チームについて考える場合、もう一つの要素としてプレーヤーシップという要素を加えるべきです。

　リーダーシップは新規創造・変革能力、マネジャーシップは管理監督能力ですが、プレーヤーシップは実際の実務を行

う能力です。営業部門であれば、営業をする、技術部門であったら技術設計する、というような実務を遂行する能力がプレーヤーシップです。リーダーシップとマネジャーシップ、そしてプレーヤーシップ、この３つのバランスがその企業やチームの総合力となります。

　リーダーシップ（Leadership）やマネジャーシップ（Managership）の関係を表したモデルは欧米でもありますが、プレーヤーシップ（Playership）を加えたモデルはこれまでになく、筆者はこれをそれぞれの英語の頭文字を取って「LMPモデル」と名付けています。プレーヤーシップはこれまで見落とされがちでしたが、この３つのバランスは非常に重要であるため、ここでLMPモデルの考え方をお伝えしたいと思います。
　　　　〈※LMP モデルは、EQ パートナーズの登録商標です〉

　特に、日本の企業の状況をみていると、日本経済、企業の

図表3—18

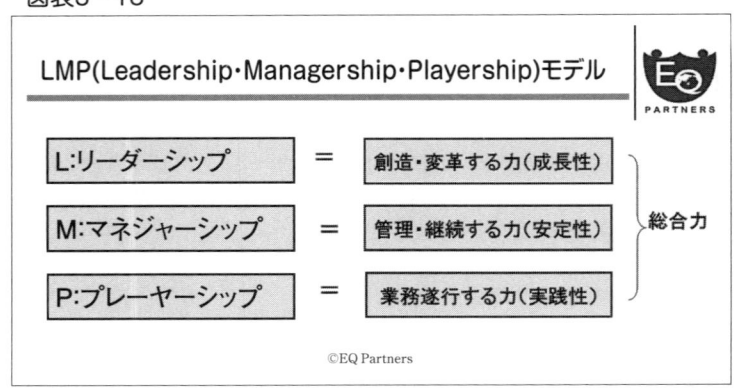

LMP(Leadership・Managership・Playership)モデル		
L:リーダーシップ	＝	創造・変革する力（成長性）
M:マネジャーシップ	＝	管理・継続する力（安定性）
P:プレーヤーシップ	＝	業務遂行する力（実践性）

　　　　　　　　　　　　　　　総合力

©EQ Partners

業績低迷などから、リストラによる人員削減などの影響もあり、プレーイング（実務）をしながら管理監督を行うプレーイングマネジャーや変革を推進するプレーイングリーダーという機能を持つ人が増えてきています。日本におけるマネジャーやリーダーの80％以上がプレーイング機能も行なうプレーイングマネジャー、プレーイングリーダーというのが現状です。プロ野球の例でいうと、元ヤクルトスワローズの古田敦也氏のような監督兼選手の立場の人です。彼は監督をしながらキャッチャーやバッターもやっていました。キャッチャーとバッターはプレーヤーで、監督はリーダーシップやマネジャーシップを担っていますが、同様に企業でも両方の機能を持っている人がいます。

　かつては、たとえば営業部門なら、基本的に部下が顧客の担当を持ったり、商品の担当を持ったりして営業活動を行い、マネジャーはその部下たちの目標や業績を管理したり、育成したりするマネジャーシップ機能を中心に担ってきました。

　ところが、現在は管理監督を担当するマネジャークラスの人も、自分の担当顧客や担当商品を持ち、営業活動を行い（＝プレーしながら）、部下の管理や育成などマネジャーシップ機能を行う、プレーイングマネジャーが増えてきています。プレー（営業など）をしながら、部下に対するリーダーシップやマネジャーシップを発揮しなくてはいけないというわけです。

　それでどういう状況になっているかというと、成果主義が広まって、プレーイングマネジャーといえども、個人プレーヤーとしての機能、成果を強く求められるので、マネジャーも自分自身のプレーにより注力し、専念してしまうのです。

その結果、変革の方向性を作り出すリーダーシップや部下の管理、育成などを行うマネジャーシップが弱くなっているというケースが日本企業の場合、特に多く見受けられます。これは多くの日本の企業、チームにとって、非常に大きな問題だと思います。

　プレーに注力しすぎてしまうプレーイングマネジャーが増えている要因として、外的な要因と内的な要因があると思います。外的な要因は、リストラなどの影響でプレーヤー機能を任せられる部下の数が少なく、もしくは、いたとしても任せられるだけの能力を身につけていなかったりして、プレーイングマネジャー自らがプレーを行わざるを得ないということがあります。

　内的な要因として、プレーイングマネジャー自身、自分のプレーの部分に追われている、自分自身でプレーしていたほうが楽だ、得意だから、ということもあるようです。たとえば、営業が得意な営業マネジャー、自分で研究開発することが好きだったり、得意な研究開発部門のマネジャーなどは、そのような傾向となっていることがよくあります。

　そのようになると、短期的には、営業が得意なマネジャーが営業活動を行うので、売上が上がったり、研究開発の得意なマネジャーが研究を進めるため、良い商品が開発されたりします。

　しかしながら、中長期的にみるとチームのリーダーシップやマネジャーシップ機能が弱くなり、チームの方向性が不明確になったり、管理能力が弱くなり、ミスやモレが起きたり、メンバーの育成が進まなかったりして、チームとして問題が

起こるようになります。
　よって、プレーイングマネジャーであっても、自分自身のプレーヤーシップに注力しすぎず、LMPそれぞれのバランスを考えていかなくてはいけないのです。

　プレーしているほうが得意だ、楽だと感じる人は多いでしょう。筆者もその一人です。
　私自身、人材開発コンサルタントや講師として企業のコンサルティングを行ったり、講演を行ったりするほうが好きですが、チームの方向性を創り出したりすることや、メンバーの管理育成を怠ると、継続的に発展、成長できるチームを作ることはできません。
　また、日本の企業では大抵、プレーヤーとして優秀だった人がマネジャーやリーダーになるのですが、プレーが得意な人はプレーヤーであり続けたいと思いがちです。しかし、チームはリーダーシップやマネジャーシップの機能がないと、成長、発展が成り立たなくなるのも確かです。
　そこで、プレーヤーシップ機能と同時に、リーダーシップ機能やマネジャーシップ機能に注力することも重要です。

　たとえば、1990年代危機的な状況であったIBMを立て直したルイス・ガースナー氏は、前職はコンピューターとはまったく関係のない、クレジットカード会社のアメリカンエクスプレス社、ビスケットのナビスコ社出身です。よって、コンピューター関係のプレーヤーシップ機能は、さほど強くなかったと思われます。ところが、ガースナー氏は、アメリカンエクスプレスやナビスコなどのビジネスで培ったリーダーシ

ップやマネジャーシップの能力が卓越していたため、IBMにおいて、その能力を存分に発揮し、IBMをうまく再建に導きました。
　リーダーシップ、マネジャーシップ、プレーヤーシップは違う能力であることを理解し、人には得意、不得意があり、また、ビジネスの状況により求められる機能が違うことを理解し、自分自身の得意な能力を発揮し、組織も強い能力を持っている人を適材適所で使うことがポイントです。

　大手コンピューター会社のNECに勤めているあるプロジェクト・マネジャーは、コンピューターの技術やシステム開発の経験やスキルはほとんどありません。しかしながら、彼女はマネジャーシップ能力が格段に優れており、その高いスキルを持って、プロジェクト・マネジャーとしての力量を充分に発揮して活躍しているという事例があります。
　リーダーやマネジャーはその分野の叩き上げでなければいけない、技術をマスターしていなくてはならないとなると、スーパーマン的に何でもできる人しかリーダーやマネジャーになってはいけないということになります。しかし、スーパーマンはそんなにたくさんいるわけではありません。自分はプレーヤーシップが強いのか、マネジャーシップが強いのか、リーダーシップが強いのかを見極めて、組織もそれをうまく使っていくというやり方を取り入れてみることをお薦めします。

第3章　チーム・リーダーシップ

●組織の総合力は「各能力レベル×時間配分」

　図は、LMPモデルを詳しく分解したものです。リーダーシップ／マネジャーシップ／プレーヤーシップは、それぞれの能力と、それにかけた資源（時間）の掛け算と考えることができます。それぞれに時間を配分しているかどうかが重要で、リーダーシップがあるのに時間を使っていなければ、発揮されるべきリーダーシップはゼロです。同様に、マネジャーシップがあるのに、時間がなければゼロ。プレーヤーシップがあるのに、使っていなければゼロとなります。最終的に、チームの総合力は「それぞれの能力×時間配分」であるといえます。

　重要なことは、求められている能力と現状がマッチしているのか、ギャップがないかどうかであり、それぞれを注意深

図表3—19

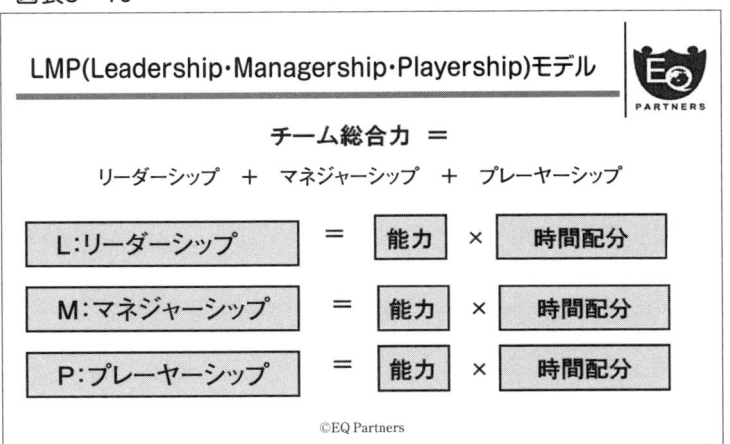

```
LMP(Leadership・Managership・Playership)モデル

         チーム総合力 ＝
  リーダーシップ  ＋  マネジャーシップ  ＋  プレーヤーシップ

  L:リーダーシップ   ＝  能力  ×  時間配分
  M:マネジャーシップ  ＝  能力  ×  時間配分
  P:プレーヤーシップ  ＝  能力  ×  時間配分

                              ©EQ Partners
```

くみていく必要があります。たとえば、必要な能力を5段階で判断すると、今の自分の部門では、リーダーシップは5まで要求されるけれども、マネジャーシップは4、プレーヤーシップは3でよいなど、能力の面で分析する方法が一つあります。

　また、時間配分を分析する方法もあります。ビジネスに費やす時間を100とし、それぞれの能力に関して費やしている時間の割合をみていく方法です。たとえば、理想の時間配分はリーダーシップ30、マネジャーシップ30、プレーヤーシップ40である人が、リーダーシップは20、マネジャーシップは10しか配分しておらず、逆にプレーヤーシップは70も配分しているということであれば、その人はプレーヤーシップ過多で、リーダーシップとマネジャーシップは不足している状況ということになります。

　筆者が行った、企業の、特にプレーイングマネジャーの調査では、各能力の5段階チェックで、8割以上の人がリーダーシップ能力が理想の状態よりも弱く、時間配分においても8割以上の人が理想の時間配分よりもプレーヤーシップにかかわっている時間が多すぎる状況となっています。能力、時間配分の双方の面で、リーダーシップとマネジャーシップは不足になっており、プレーヤーシップが過多となっているのが多くの企業、チームの現状です。

　そういった結果、日本の企業や組織がどうなっているかというと、新しい方向性を打ち出せなかったり、変革ができなかったり、新規事業創造ができなかったり、また、社内の管理がうまくできていないために、社内情報や顧客情報が漏洩

したり、社会的な問題を起こしたり、組織としてミスをしたり、というようなケースが非常に多くなっています。

この対策として、チームとしても、個人としても、プレーヤーシップに偏りすぎず、リーダーシップとマネジャーシップへの能力と資源配分を強化していくことが必要ではないかと思っています。

1990年代、日本企業では中間管理職が多すぎるといわれた時期があり、多くの日本企業がマネジャーをプレーイングマネジャーにシフトさせていきました。しかし、今日では、かつてのように大きな組織が一丸となって動くというより、組織の単位が小さくなり、10〜20人程度の小さなチームが多くある状態で、それぞれがかかわり合うというような形態が効果的だと考えられるようになってきています。すると、その小さなチーム毎にリーダーが必要になるのですが、その数が圧倒的に不足しています。

また、かつては状況の変化が緩やかだったので、大きな組織のトップが決めて、周りがついていけばよかったのですが、今では変化が激しく、コンパクトなチームがそれぞれのリーダーを中心に素早く動いていかないと対応できません。それなのにリーダーが足りないのです。

その対策として、能力と時間配分を強化することに加え、ここでもCo-Leadershipの考え方が役立ちます。

リーダーシップは特定の人だけが発揮すべきものではなく、組織の一メンバーであっても発揮すべきものです。たとえば、チームに10人いたら、「この分野に関してはこの人がリーダーシップを発揮する」というように、日替わりリーダ

ーや、場面によるリーダーでもよいのではないでしょうか。具体的には、営業部門の例で、商品を販売する場合は販売が得意な人がリーダーとなり、部門のコンピューター・システム化を推進していく場合にはコンピューターが得意な若い人がリーダー、というように、勝ち続けるプロ・スポーツチームで、日々リーダーが誕生するような、全員リーダーシップという考え方です。

　リーダーシップ、マネジャーシップ、プレーヤーシップのそれぞれで、求められる能力と資源（時間）配分の理想と現状、そのギャップを記入すると、対策がみえてきます。これを記入してもらうと、ほとんどの人がプレーヤーシップ過多になっています。

　これらへの対策は原因に応じていろいろとありますが、たとえば、人に仕事をあまり任せず、自分で何でもやってしまっていた人に関しては、これまで人に任せていなかった部分を任せるようにする、任せられる人がいなければ計画的に育成する、などがプレーヤーシップを減らすには有効です。また、不得意なことを無理に行うと時間がかかるので、得意な人にやってもらうのもよいでしょう。パソコンの苦手な人がパソコンを使って書類を作成したり、管理が苦手な人が管理したりしようとすると、時間がかかるだけで効率的ではありません。

　ところが、日本人は部下や他人に任せられない人が多いようです。完璧主義な傾向があるので、自分のレベルに達していない人には任せられないと感じる人が多くいます。

　しかし、松下幸之助氏が言うように、「（相手がたとえ完璧

でなくとも）6〜7割できそうだと思ったら任せろ」という気持ちを持つことも大切です。そのようにしていかないと、いつまで経ってもメンバーに任せることはできません。すべて自分でやろうとしても、営業ではどんなにがんばっても一人分の営業しかできませんし、研究開発においても一人分の研究開発しかできません。一人だけでやれることには限界があるのです。

プレーヤーシップの比率が高くなると、リーダーシップとマネジャーシップはどうしても弱くなります。同時に2つの役割を担うことはかなり難しいので、やはり資源（時間）配分を割り振る必要があります。

時間配分をしないと、プレーヤーシップの仕事のほうの緊急性が高く、どうしてもそちらに偏ります。しかし、中長期的なことを放っておくと、ますますプレーヤーとしての時間が長くなり、悪循環に陥ります。そうならないように、自分の理想の時間配分を作り、時折チェックすることが必要です。

チェックをするには、スケジュール帳などに、これはリーダーシップの時間、ここはマネジャーシップの時間、プレーヤーシップの時間、というように印をつけていき、あとで振り返るという方法が簡単です。筆者自身もやってみて改めて思いますが、やはりリーダーシップ、マネジャーシップの時間が理想の状況より少なく、プレーヤーシップの時間が多くなっています。皆さんも一度、スケジュール帳で時間を確認してみることをお薦めします。

また、このLMPモデルの応用として、個人だけでなく組

織で分析する方法もあります。

　リーダーシップ、マネジャーシップ、プレーヤーシップのどれが今、求められているのか、個々人はどういう配分になっているのかということを組織で分析します。チーム単位でやってみると、チームとしてのリーダーシップ、マネジャーシップ、プレーヤーシップを見直すきっかけになります。

　たとえば、マネジャーシップが強くなっていたら、皆で意識してリーダーシップの時間を取ったり、場合によっては他部門からリーダーシップの強い人をつれてきたりという対策があります。またプレーヤーシップが強すぎるのであれば、リーダーシップやマネジャーシップの時間を増やしたり、プレーヤーシップの時間を減らしたりということを考えていく必要があります。

　リーダーシップ、マネジャーシップ、プレーヤーシップを、状況に応じて効果的なバランスをとることによって、成功と成長を導くチームが創り上げられていきます。

▶各階層に求められるスキルを確認する

●column▼▼▼4

　組織を経営者層、管理者層、社員層の3階層に分けた場合、それぞれに求められるスキルには違いがあります。
　これについては、ハーバード大学ロバート・カッツ教授の「カッツモデル」というものがあり、効果的な考え方ですのでご紹介しましょう。

　カッツモデルではビジネスにおいて求められるスキルを、実務スキル（Technical Skill）、人的スキル（Human Skill）、概念的スキル（Conceptual Skill）という3つに分解します。
　実務スキルとは、たとえば、営業職の人は顧客に対して商品などの営業活動すること、工場の製造職の人は、実際に工場でモノを製造、組み立てること、品質管理職の人は品質の管理をすること、などです。一般的に、ビジネスの実務上のスキルと考えられているものです。
　また、ビジネスにおいては、顧客、上司、部下、同僚などと人的なやり取りを行います。このコミュニケーション、あるいは人材を育成するスキルなどが人的スキルといわれるものです。
　もう一つの概念的スキルは、特に経営者層など上の層の人に要求されるスキルです。ビジネス環境を分析したり、自分の部門のビジョンや戦略を策定したり、問題を発見して解決したりなどといった、考え方に関するスキルです。

column 4

　カッツモデルによると、社員層にあたる人は実務スキルが特に要求されます。また、社員層でもお客様とやり取りをしたり、同僚とチームを組んだりするので、人的スキルが必要になります。概念的スキルに関しては、まだ重要度が低いということになります。

　部下を持つ管理者層になると、実務スキルよりも部下とコミュニケーションをとったり、人材を育成したり、チームづくりを行ったりという人的スキルの重要度が増してきます。また、管理者として自分のチームの状況を確認し、問題を発見するという概念的スキルも、社員層よりも多く要求されるようになってきます。

図表3—20

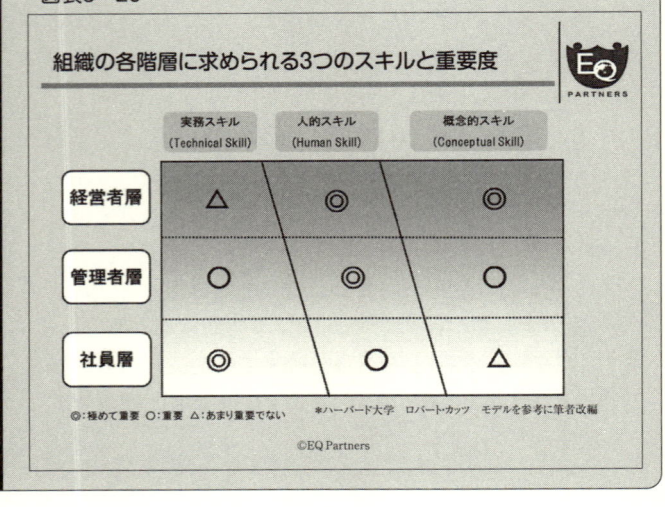

組織の各階層に求められる3つのスキルと重要度

	実務スキル (Technical Skill)	人的スキル (Human Skill)	概念的スキル (Conceptual Skill)
経営者層	△	◎	◎
管理者層	○	◎	○
社員層	◎	○	△

◎:極めて重要　○:重要　△:あまり重要でない　　*ハーバード大学　ロバート・カッツ　モデルを参考に筆者改編

©EQ Partners

そして上の経営者層になるに従って、実務スキルのニーズはさらに減っていきます。人的スキルも重要で、管理者と同様に引き続き大事なスキルです。しかし、最も重要になるのが概念的スキルです。ビジネス環境を分析したり、どんな変化が起こるのかと先を予測したり、自社の強み／弱みを見極めたりしながら、自社がどういう方向に行くのか、どういう戦略を立てていくのか、などといった概念的スキルが、経営者層には非常に重要になります。

自分自身が今どの階層にいるのかを考えて、この3つのビジネススキルのバランスを考えていくことが必要です。たとえば、社員層であれば実務スキルを第一に考えつつ、徐々に人的スキルを強化していく必要がありますし、管理者層であれば、部下や同僚、チームにビジネスをしてもらうことが増えるので、チームとのコミュニケーションスキルや人材育成スキルが重要になってきます。経営者層になれば、概念的スキルをより重視していく必要があります。

今、自分がどの階層にいるのか、3つのスキルについて現状どうなっているのかを確認しながら、自分に足りている部分／足りない部分をチェックし、強化する。カッツモデルはこのような使い方をします。

多くの企業の傾向として、管理者であるにもかかわらず実務スキルは十分であるが、人的スキルが不足しているケースがよく見られます。人とのコミュニケーションが少なく、仕事を任せることができなかったり、育成ができていなかったりという管理者が数多く見受けられます。

column▶▶ 4

　また、経営者であるにもかかわらず、実務や人的スキルのほうに集中してしまい、ビジョンや戦略を打ち立てるといった概念的スキルが弱いという人もいます。自分が今、どのポジションにいるのか、そして何を求められているのか、現状がどうなっているのか、何を強化すべきかなど十分に「認識」し行動することが重要です。

▶リーダーシップの2つの軸
―効果的なリーダーシップは、課題対応力×対人能力―

図表3—21

リーダーシップの2つの軸

効果的なリーダーシップ ＝ 課題関連行動 × 対人関連行動
　　　　　　　　　　　　Performance function　Maintenance function

対人関連行動（メンテナンス）

- **pM**：チームをまとめることに強み。仕事・課題達成に弱み。
- **PM**：仕事・課題達成、チームの維持にも強み。
- **pm**：仕事に甘く、部下の面倒見も悪い
- **Pm**：仕事・課題達成に強み。チームをまとめることは弱み。

課題関連行動（パフォーマンス）

参考：PM理論（三隅 二不二氏）
©EQ Partners

　リーダーシップに関しては、欧米や日本の大学、企業などでさまざまな研究がなされていますが、その内容をみてみると大きく2つの軸（切り口）に分類されます。
　リーダーシップは2つの軸に分類されます。一つは課題に対する軸です。仕事ができるかどうかという部分です。問題の本質を発見する、行動プランを作る、問題を解決する、スケジュールを立てるなどといった仕事に関すること

column 5

で、これを課題関連行動といいます。簡単にいうと、仕事ができるかどうかという軸です。

また、チーム・リーダーシップを発揮するにあたっては、自分が仕事ができるかどうかだけではなく、人に仕事をしてもらったり、人を育成したりという部分があるので、対人関連行動が必要になります。コミュニケーションをとること、動機づけをすること、人を成長させることなどが対人関連行動です。

この課題関連行動と対人関連行動の2つの軸がうまくかみ合うと、仕事ができて（課題対応ができて）対人能力もあり（人をうまく動かせる）ということで、効果的なチーム・リーダーシップが発揮されます。

課題対応力も対人能力も低いという人は未熟なリーダーです（図のpmの欄）。また、課題関連行動は強く、対人軸が弱いという人（Pmの欄）は、自分自身で仕事はできるが、人に仕事を任せられなかったり、個人プレイに走ったりする傾向があります。そのような人に関しては、対人力を強化する必要があります。自分だけで仕事をするのではなく、人の気持ちを考え、人を動かし、人を育成しながらリーダーシップを強化していきます。

またそれとは逆に、対人軸が強くて、仕事における問題発見力や解決力が弱い人（pMの欄）もいます。このタイプは、気配りができて優しく、いい人ではあるけれど仕事はあまりできないという人で、問題発見力や課題解決力を強化する必要があります。

いずれにしても、いいリーダーシップを発揮するには、課題関連行動も対人関連行動も、両方とも強くしていく必要があります。両方のバランスをみて、自分はどちらが強いのか、どちらを強化しなくてはいけないのかを検討していくことです。

　人によっては、課題関連行動だけが仕事だと思っている方がいますが、それだとチームが動きません。特に技術系の人たちはそうなる傾向が強いようです。ただ、技術者にしても、一人で研究する分にはいいかもしれませんが、チームを動かすためには対人力が必要です。

★Co-Leadership（コ・リーダーシップ）を活用する

　もちろん課題軸も対人軸も強いことが理想的ですが、両方とも強化するのは難しいことがあります。たとえば、自分はずっとエンジニアだったので課題軸は強いけれど、対人軸には自信がないという人。また、人事出身の人なら逆に、対人軸は強いけれど課題発見力は弱いという方もいるでしょう。

　このような場合、弱い部分は極力強化していくことが基本ですが、2人以上でリーダーシップを発揮するCo-Leadershipをとるのも一つの方法です。Co-Leadershipを使えば、自分の強みと弱みを明確にしたうえで、自分の強い部分は自分が中心となって発揮し、弱い部分は周りの部下や同僚にサポートしてもらうというやり方が可能です。

　課題軸は強いけれど対人軸は弱いという人なら、部下で対人軸の強い人をパートナーとして、その人にチームをま

column 5

とめてもらったり、チームのコミュニケーションをとってもらったりという役割を与えます。逆に、対人軸は強いけれど課題軸が弱いという人は、問題発見力や戦略構築力が強い部下を使って課題軸を強化していきます。2人もしくは3人でCo-Leadershipを発揮するのも、一つの解決策として効果的です。

また、Co-Leadershipとして指定された人も、「リーダーのここを自分が補わないと」という意識を持つため、モチベーションが上がり、チームのコミュニケーションや結束が強くなるケースがあります。さらに、将来、その人がリーダーシップを発揮するときのためのいい準備になるなど、お互いにとってメリットがあります。

Co-Leadershipが活用された例としては、2001年にニューヨークで起こった9.11の同時多発テロのときにニューヨーク市長だったジュリアーニ氏のケースがあります。ジュリアーニ氏自身はリーダーシップについて非常に見識が深く、それに関する本も書いていますが、その中で、リーダーには当然強みと弱みがある。その強みと弱みをしっかりと見極めて、強みをさらに強化し、弱みを補っていくチームを作っていくことがリーダーシップのポイントの一つだということを述べています。

ジュリアーニ氏自身の強みは、緊急時の問題解決力や強い行動力、実行力です。そこで、9.11テロのとき、またその前後のニューヨークの治安維持については、自ら先頭に立ってリーダーシップを発揮して行動していきました。

column 5

ところが、教育問題など、人間関係を作りながら準備をしっかり行い、長く時間をかけてじっくりと取り組んでいくようなことに関しては、あまり得意ではありませんでした。そこで、この領域に強い別のメンバーと協力してうまくCo-Leadershipを発揮したということがあります。

皆さんは自分自身の強みと弱みを理解しているでしょうか？

自分の弱みを強化して、補ってくれる同僚やメンバーがいるでしょうか？

そして可能であれば、自分の強みと弱みを認識したうえで、どうやって弱みを補っていくか、その具体的な行動プランを考えてみてください。

column

▶条件適合型リーダーシップ
―メンバーや環境に応じてリーダーシップのタイプを変える―

column▶▶6

図表3―22

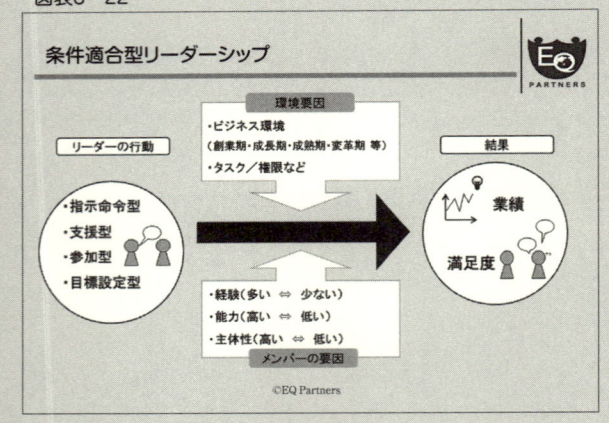

条件適合型リーダーシップ

リーダーの行動
・指示命令型
・支援型
・参加型
・目標設定型

環境要因
・ビジネス環境（創業期・成長期・成熟期・変革期 等）
・タスク／権限など

メンバーの要因
・経験（多い ⇔ 少ない）
・能力（高い ⇔ 低い）
・主体性（高い ⇔ 低い）

結果
業績
満足度

©EQ Partners

　リーダーシップというものを考えるとき、皆さんはどのようなリーダーシップがよいと思われているでしょうか。

　たとえば、リーダーが自分でやるべきことをすべて決めて、メンバーに対して「これは、こうすべきだ」、「これは、こうしてはいけない」、「スケジュールはこの通りやってくれ」と指示するような「指示命令型」のリーダーシップがいいでしょうか。

　もしくは、メンバーが主体となって動き、リーダーはそ

column ▶▶ 6

れをバックアップし、何か困ったことが発生したときだけサポートする「支援型」のリーダーシップがいいでしょうか。

それとも、「このプロジェクトの方向性に関しては、皆さんはどのように考えますか。一緒に意思決定に参加してください」という「参加型」のリーダーシップがいいのでしょうか。

またあるいは、メンバーに対して「今年の売上目標は○○、利益目標は△△なので、この達成を目指してやってください」、「このプロジェクトは、こういった形で完成させてください」というように目標だけを設定して、あとは任せる「目標設定型」のリーダーシップがいいのでしょうか。

実は、どれがいいとは言い切れず、どれも正しいのです。これを使い分けていくのが条件適合型リーダーシップです。

では、どのように使い分けるとよいのでしょうか。それを決めるには大きく2つの要因があります。

一つはメンバーの要因です。メンバーには、経験が多い人／少ない人、能力が高い人／低い人、自分でやろうという主体性が強い人／弱い人などがいます。たとえば、経験が多く能力も高い人に対しては、「目標設定型」や意思決定に参加させる「参加型」のリーダーシップがよいでしょう。逆に、新入社員や経験が浅く、能力の低い人に対しては、リーダーがやり方を教える「指示命令型」や、サポートしていく「支援型」リーダーシップが有効になります。

column 6

　連合艦隊司令長官だった山本五十六氏の有名な言葉に、リーダーがやってみせて、相手にやらせて、褒めてやらないと人は動かない、という意味の言葉があります。やり方がわからない人には、まずリーダーがやってみせ、そして本人にやらせてみて、褒めることによってメンバーはだんだん成長していく、ということを表しています。

　経験が少なく、能力も低い人に対しては、自分でやってみせて、相手にやらせてみて、というやり方ですが、条件適合型リーダーシップでいうと、指示命令する→支援する→参加させる、というようにスタイルを変えていくことと同じです。

　これを逆に使って、経験の浅い人に目標設定型で任せてしまうと、当然、相手はやり方がわかりませんし、困惑してしまいます。また、能力も経験も高いのに、事細かに指示命令をしてしまうと、相手のやる気がなくなってしまいますし、また、全部リーダーの指示通りにやっていればいい、ということになって自分で考えなくなります。そうすると、自分の成長も止まってしまいます。

　このように逆の使い方をしてしまうと、メンバーのやる気、スキルとも伸びていかず、チームとしての効果も発揮されません。メンバーをよく見て、リーダーシップのスタイルを使い分けていくことが重要です。

　よくありがちなのが、リーダーが自分の得意なスタイルを持っていて、それをそのまま使い続けてしまうことです。たとえば、過去に指示命令型でうまくいったので、どのよ

うな部下に対しても指示命令型でやってしまう。また逆に、目標設定型でうまくやってきたので、未熟なメンバーにも目標設定型で対応してしまい、うまくいかないというケースがあります。

　その場合、野球のピッチャーを想像してみてください。ストレートボール（まっすぐな球）が得意なピッチャーがいたとします。得意だからといってストレートボールばかり投げていると、そのうち相手に打たれるでしょう。ストレートボールが得意なバッターだったら簡単に打たれてしまいます。だから、カーブボール（曲がる球）を投げたり、フォークボール（落ちる球）を投げたりしながら、アウトや三振を取るために上手に使い分けているのです。同じように、リーダーシップも状況に応じて効果的に使い分けていく必要があります。

　一般的にリーダーは、自分が得意なスタイルを選びたがるわけですが、この４つの武器（スタイル）を持っていると考え、それをメンバーに合わせて使い分けていくことがポイントです。

　これまで、メンバーの要因でリーダーシップのスタイルを使い分けすることを説明しましたが、もう一つの要因として、ビジネス環境の要因があります。リーダーシップのスタイルは、ビジネス環境の要因によっても変わってきます。

　組織には、事業の立ち上げ時期である創業期、成長・拡大する時期、ある程度落ち着いてきた成熟期、それから変

column 6

革期などがあります。

創業期などは、多くの場合はリーダーが強いリーダーシップを発揮して、「これはこの計画で行く」、「これは、このような形で進めていく」、「これについては、こう対処する」という指示命令型のリーダーシップが比較的うまくいきます。強いリーダーシップを発揮して創業・立ち上げを一気に進めます。

ところが、チームが5人、10人、50人、100人、1000人と大きくなっていくと、リーダーがすべての指示を出しきれません。また、指示命令型をずっと続けていくと、部下が指示を待つようになってしまい、自分で考えなくなります。メンバーのモチベーションを上げ、スキルを上げていく必要がありますので、成長期から成熟期になるに従って、指示命令型から支援型、参加型、目標設定型にリーダーシップのスタイルを変えていく必要が出てきます。

そして変革期においては、指示命令型で大きく舵を切ったり、メンバーをサポート（支援型）していきます。メンバーのスキルや経験、意識が高ければ、参加型や目標設定型でもよいでしょう。この辺はメンバーの要因とも絡み合います。

また、サブ・リーダー的な人もいると思いますので、サブ・リーダーがどのようなスタイルをとっているのかなども見極めながら、自分が4つのリーダーシップスタイルのどれをとるかを考える必要があります。これをうまく使い分けることで業績が上がり、メンバーの満足度やモチベーションも上がっていきます。

●column▶▶6

　条件適合型リーダーシップのポイントは、リーダーシップのスタイルが一つではないことを認識することです。自分のスタイルを貫くのではなく、メンバーの要因、ビジネス環境の要因に合わせて、効果的なリーダーシップのスタイルをとっていくことが大事です。

　また、自分が得意ではないスタイルをとるべきだとしたら、その場合はCo-Leadershipを活用するのもよいでしょう。自分は指示命令が苦手だとしたら、それが得意なサブ・リーダーなどとCo-Leadershipを組む。支援型が苦手なら、それが得意なサブ・リーダーと組んでやっていく。このようにCo-Leadershipによっても、効果的なチーム・リーダーシップを発揮することができます。

column 7

▶サーバント（支援）型リーダーシップ
―実行（Action）段階ではメンバーが主役に―

図表3—23　サーバント（支援）型リーダーシップ

～ 方向性（ビジョン・戦略）はリーダーが主役であり、実務・実行段階では、メンバーが主役である ～
リーダーが方向性を明確にしたうえで、実務・実行においてメンバーを効果的に支援すると、
メンバーは、顧客を効果的に支援するようになり、ビジネスを成功に導く

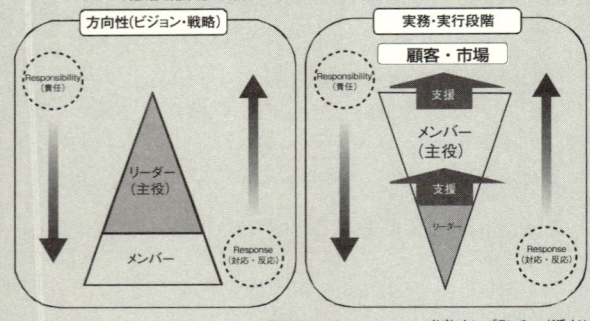

方向性（ビジョン・戦略）　／　実務・実行段階
顧客・市場
Responsibility（責任）
リーダー（主役）
メンバー
支援
メンバー（主役）
支援
リーダー
Response（対応・反応）

©EQ Partners　参考：ケン・ブランチャード氏より

　この図は、最近、欧米企業などで効果的なリーダーシップの1つとされている「サーバント（支援）型リーダーシップ」のモデル図です。

　サーバント型リーダーシップを端的に説明するものとして、こんな話があります。

　ある旅行をしている集団があります。その集団には召使（サーバント）が1人いました（servantは、serveから派生した言葉。サーブする、奉仕する、という意味）。お願いしたことはやってくれるし、問題があったら処理してくれるので、皆は彼のことを召使（サーバント）だと思ってい

ました。
　ところがあるとき、その召使がいなくなります。すると、それまで順調に旅を続けていたのに、彼がいなくなってしまったことで、その集団はどこに向かえばいいのか、何をしたらいいのか、問題をどうやって解決したらいいのか、たちまちわからなくなってしまいました。結局、その旅（目標）を続けることができなくなりました。そこで初めて、彼は召使（サーバント）ではなくて、サーバント・リーダーだったということがわかったのです。召使的なアプローチでリーダーシップを発揮し、方向性を作り出し、皆の実行力を高め、サポートして成長させていたということに気づいたわけです。
　これがサーバント型リーダーシップのいわれです。

　このサーバント型リーダーシップを活用するのは、前述の「VALueモデル」におけるAction（実行）の部分です。ビジョンや戦略、価値観を作っていくVision（方向性）の段階においては、リーダーが主役になって責任を持ってメンバーに伝え、メンバーはそれを実行、対応していきます。方向性を決める段階では通常のリーダーシップと同じなのですが、いざ、Action（実行）の段階になると、サーバント型リーダーシップではメンバーが主役となるのです。
　たとえば、営業部門であれば営業を展開する、技術部門であれば設計や製造をしていくような実行の段階になると、通常はリーダーが上でメンバーが下という関係性のピラミッドが逆さまになり、今度はリーダーが下に、メンバ

column 7

ーが上になって、メンバーが主役になります。リーダーはサポート役に回って、何か問題が起こったらサポートし、足りないものがあったら調達する、というスタイルをとります。これがサーバント型リーダーシップです。

サーバント型リーダーシップの利点は、顧客に対して素早い対応ができることです。メンバーはお客様や市場、やるべき仕事に直接接しているため、そこに対して良いサービス、良い商品の提供ができ、問題発見もすぐにできます。

サーバント型リーダーシップを実践している企業としては、日本ではあまりなじみがないかもしれませんが、アメリカのサウスウエスト航空という国内線中心の航空会社があります。乗客を楽しませることが会社のビジョンの一つとしてあり、その実現のために、乗務員がその場その場で主役となって乗客を楽しませるようなサービスを提供しています。

たとえば、機内ではピーナッツやスナックのサービスがありますが、サウスウエスト航空の場合、客室乗務員がこの袋を投げて、キャッチボールのように乗客に渡すパフォーマンスがあります。また、クイズ大会やゲーム大会も開かれ、乗客に賞品を贈呈することもあります。乗客の人たちの雰囲気をみながら、現場の乗務員の判断でサービスを提供しているのです。

サウスウエスト航空の経営陣はビジョンや方向性は決めますが、実際の飛行機の運用や乗客へのサービスに関しては現場のメンバーが主役となり、お客様を楽しませたり、

問題があったら丁寧に対応したりと、自分たちが権限と責任を持ってサービス提供を行っているのです。
　航空業界は非常に競争が激しく、一般的に業績が悪いのですが、サウスウエスト航空は継続的に良好な経営を続け、中長期的に売上・利益を伸ばしています。

　また、リッツカールトン・ホテルでは、メンバーに権限を与え緊急の場合など、上司の許可をえずに自分で顧客のためになると思ったことについては判断してある一定額までの予算を使ってよいことになっています。
　あるとき、宿泊客が書類を忘れてチェックアウトしてしまいました。気がついたメンバーは、きっと重要な書類だろうと思い、上司の許可をえる間もなく即座に新幹線に飛び乗って、大阪から東京に向かったその宿泊客を追いかけていき、書類を手渡しました。すると、やはりその書類は当日必要な非常に重要な書類で、その宿泊客からたいへんに感謝されたのです。
　これが、上司に相談しなければいけないとか、ルールだから（そういうことは）できないということだったとしたら、その宿泊客はビジネスでとても困ったでしょうし、今後、そのホテルを使うか使わないかというところにまで影響が出ることもあり得ます。
　この場合は、その宿泊客が助けられたことを周りの人に宣伝して、結果、良いビジネスにつながりました。これはサーバント型リーダーシップがうまく機能した一例です。

column 7

　他にも、資生堂では営業担当者や資生堂レディなどに権限を与えて、彼らが主役となって行動できるようなサーバント型リーダーシップを浸透させようとしています。また、サイバーエージェントは多くの子会社を作り、20〜30代の人を経営者にして自分で経営させています。当然、会社としてサポートはしていますが、子会社を任せることで成功しています。

　かつてはリーダーが方向を決めて指示命令を出すというスタイルが一般的でしたが、今の時代は顧客のニーズが刻一刻と変わります。その中で、現場に直接かかわるメンバーに権限を与えて対応させたほうが、素早く適切に顧客や市場に対応できます。その意味でも、このサーバント型リーダーシップは有効なリーダーシップの手段の一つだといえます。

　ここで、先ほどの条件適合型リーダーシップとのかかわりを考えてみます。

　当然、このようなリーダーシップを発揮するには、メンバーに経験やスキル、意欲が備わっていないといけません。ですから、そういったメンバーを育てつつ、リーダーは彼らを支援していくようなスタイルをとると、より良いチーム・リーダーシップが発揮できます。

　サーバント型リーダーシップは、うまく使えば非常に効果的なリーダーシップスタイルになります。そのためには、チーム・リーダーが自分の強み／弱み、メンバーの強み／弱み、ビジネス環境を見極め、うまく成長させていくこと

です。そして、だんだんとこのサーバント型スタイルに移行していくのがよいでしょう。

　ただ、ここで忘れてはいけないのは、ビジョンや方向性はリーダーが中心で作り出していくということです。サーバント型のスタイルをとるだけでは、この会社はどこに向かうのか、何をやる会社なのかという方向が定まらなくなったり、見失ったりする場合があります。方向性について、それを作る際にメンバーを巻き込むことも重要ですが、最終的な決断や責任はリーダーが負うことが大前提です。

column

▶リーダーシップの5つのレベル
―強さと謙虚さを兼ね備えたリーダーシップ―

図表3―24　リーダーシップの5つのレベル

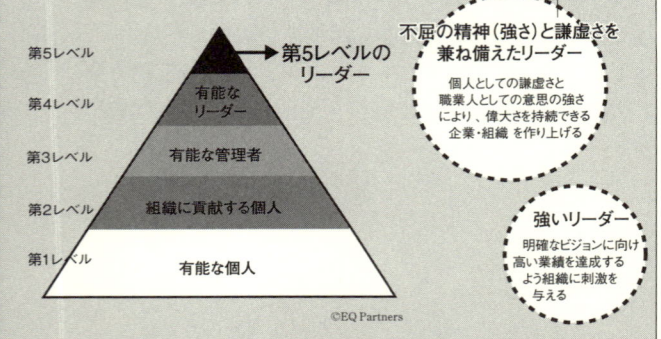

- 第5レベル：第5レベルのリーダー
- 第4レベル：有能なリーダー
- 第3レベル：有能な管理者
- 第2レベル：組織に貢献する個人
- 第1レベル：有能な個人

不屈の精神（強さ）と謙虚さを兼ね備えたリーダー
個人としての謙虚さと職業人としての意思の強さにより、偉大さを持続できる企業・組織を作り上げる

強いリーダー
明確なビジョンに向け高い業績を達成するよう組織に刺激を与える

©EQ Partners

※ 参考：「ビジョナリーカンパニー2」（ジェームズ・コリンズ）

　この図は、ベストセラーの『ビジョナリーカンパニー②　飛躍の法則』（ジェームズ・C・コリンズ著、日経BP社刊）で提唱されていたリーダーシップのモデル図です。同著の中でコリンズ氏は、15年、あるいはそれ以上の中長期的に成長している企業の特徴をみると、リーダーシップのあるスタイルが見えてくる、と述べています。それを示したのが、このリーダーシップの5つのレベルです。

　リーダーシップの段階は次のようになります。

　まず、たとえば、企業に入社して仕事ができるようになり、有能な個人になっていく必要があります（第1レベ

ル：有能な個人）。それから、自分の仕事だけでなく、他の人とチームを組んだり共同作業をしたり、共同のプロジェクトを進めたりしながら成果を上げていくようになります（第2レベル：組織に貢献する個人）。ここは個人プレーヤーとチームプレーヤーというイメージです。

第3レベル（有能な管理者）になると、自分のチームを持って、そのチームをまとめて管理運営をしていくようになります。一般的なイメージでは課長、部長の段階です。その上に有能なリーダー、経営者という段階（第4レベル：有能なリーダー）があります。一般的に、この段階のリーダーは、明確なビジョンを打ち出し、そのビジョンに向けてメンバーが業績を達成するように組織に影響を与える強いリーダーシップを発揮します。

著者のコリンズたちは当初、この強いリーダーがビジョナリー・カンパニー（中長期的に発展する企業）を作っているのだろうと予測して調査を始めたのですが、そういった企業をみてみると、どうもそうではないリーダー像が浮かび上がってきました。それは非常に強いリーダーではなく、むしろ、彼らの言い方では哲学者のソクラテスや、アメリカ大統領のリンカーンのようなイメージのリーダー像でした。

ビジョナリー・カンパニーのリーダーたちはもちろん、ビジョンや戦略に関しては強い信念を持って取り組んでいました。しかし、強いだけではなく、謙虚さも兼ね備えていました。自分のビジョンや信念が間違っていたと気づい

column 8

たり、時代の環境に合わなかったりした場合には、謙虚に人の意見を聴き、状況に合わせて方向修正します。部下や同僚、お客様の意見を汲み取って、その意見を反映しながら方向性を作り出していく謙虚さを持ったリーダーシップを発揮していました。

そして、ほとんどのビジョナリー・カンパニーが、この強さと謙虚さを兼ね備えた第5レベルのリーダーに率いられているという結果が出ています。一般的に、第4レベルの強いリーダーシップがよいと考える方が多いと思うのですが、実はその上に第5レベルがあって、強さと謙虚さを兼ね備えたリーダーシップが永続的な発展には必要になります。

過去の例をみると、たとえば、ダイエーの中内氏は強いリーダーの典型だったといえるでしょう。当初は非常に強いリーダーとしてうまく機能して拡大・成長してきました。ところが変革すべきときに変革ができず、2005年には自主自立経営が立ちゆかなくなり、産業再生機構の管理下となりました。理由を考えてみると、メンバーが上に対して、ものを言えない、意見を言えない、問題があっても進言できない、仮に進言したとしてもリーダーが受け入れない、という状態になったのではないでしょうか。そしてだんだんと方向性が時代と合わなくなり、間違った方向に行ってしまったのではないかと考えられます。

強さと謙虚さを兼ね備えた第5レベルのリーダーとしては、ホンダの本田宗一郎氏がその一人ではないでしょうか。

自分に経理や財務などは得意ではないということでパートナーの藤沢武夫氏の力を借り、ホンダを二人三脚で経営していきました。また、オートバイの技術に関して若手技術者と主張が食い違ったときに同じ技術者として、同じ立場で徹底して議論した結果、自分の意見を撤回し、若手技術者の主張を採用したというエピソードもあります。たとえ社長であっても、一技術者として現場のメンバーと対等に向き合い、相手の意見を尊重している実に謙虚な姿勢がうかがえます。

　リーダーは強さと同時に謙虚さを持ち、広くメンバーやその他の人たちのアイデアを受け入れ、自分が間違っていることは修正することで、継続的に発展できる企業やチームを作っていくことができるのだと考えられます。この第5レベルのリーダーシップも、効果的なチーム・リーダーシップを発揮する一つのヒントではないかと思います。

column 9

▶ヒトデはクモよりなぜ強い

『ヒトデはクモよりなぜ強い―21世紀はリーダーなき組織が勝つ』（オリ・ブラフマン／ロッド・A・ベックストローム著、日経BP社刊）という本があります。

ヒトデとクモは、なんとなく形が似ていますが、実際は似て非なるものです。たとえば、クモは真っ二つにすると死んでしまいますが、ヒトデはそうされても死なない。それどころか、2つに切り離されても、それらがそれぞれ再生する強い生命力があるのです。つまり、クモのように1個の頭に権限をすべて集中させるのではなく、ヒトデのように分散型にすると組織も発展する、という内容です。

従来型の組織は一局集中型ですが、最近ではオープンな分散型のほうがうまくいっています。

同じように、未来型の組織やリーダーシップは、同じ考え方を持っていても、権限や機能は分散しているヒトデ型のようになるのでは、といわれています。

これは筆者が考える「全員リーダーシップ」に似ています。同じビジョンを共有しつつ、皆が主体的にリーダーシップを発揮し、自分と、チームと、グローバル（世界）とソーシャル（社会）をリードしていけば、より良い自分、チーム、世界づくりにつながっていくのではないでしょうか。

▶リモート・リーダーシップ（遠隔地のメンバーに対するリーダーシップ）とは

　日本に比べ国土が広大な米国では、通信技術の発達の結果、在宅勤務が一般化しました。米国人材マネジメント協会の2007年度調査によると、全米で約48％の企業が従業員に週1日以上の在宅勤務の選択権を与えており、大企業から中小企業までその数は拡大しています。通信会社AT&Tはこの分野の草分け的存在ですが、現在約半数の従業員が在宅で業務を遂行しているそうです。

　これはカリフォルニア在住のビジネスパーソンの例です。彼はある企業のマネジャーなのですが、所属する会社は飛行機で4-5時間かかるミネソタ州にあり、彼の部下は全員中西部や東海岸に住んでいるので、メンバーと顔を合わすのは会社で会議のある年に数回とのこと。それでも普段は自宅を拠点に、電話会議やメールなどでメンバーとやり取りをし、問題なく業務をこなしています。

　企業にしてみれば、オフィス賃料や従業員の通勤代（ガソリン代）などの経費削減ができ、従業員にとっては通勤時間が無くなることで時間が有効に使える、あるいは好きな場所に住めるなど、双方にとってメリットがあるように思えます。反面、チームを率いるリーダーにとっては、普段会うことのないメンバーのモチベーション維持など、課題が多いのも事実です。

　このように普段会うことのないチームや部下に対し、いかにリーダーシップを発揮するのかという考え方を、米国

column 10

では「リモート・リーダーシップ」と呼んでいます。(リモート＝遠隔) この「リモート・リーダーシップ」、今後、米国だけでなく日本でも必要となってきます。

IT技術の発展によるモバイル化などが背景となり、直行直帰の営業スタイルやフリーアドレス (各社員の決まった座席がない) のオフィス環境が定着してきました。例えば、ある企業では、営業社員は、自宅を拠点に顧客を訪問し、報告など出先や自宅から携帯電話とメールですまします。そのため、普段ほとんど会社に出社する必要が無いそうです。(通える距離にあった営業所が統廃合により無くなり、拠点が大都市のみになったという事情もあるそうですが) 最近このような会社が増えてきています。

特に、IT企業のシステムエンジニアやコンサルタントのように、客先に常駐し、本来所属する会社にまったく出社しない、或いは上司やチームメンバーは別の拠点で仕事をしているというパターンも決して珍しくはありません。

ここ10年くらいで、上司と部下が、あるいは同僚が普段まったく会うことなく業務を遂行するというリモート環境が日本においても劇的に増えてきたように思います。しかし、効率化が進んだ分、以前より働きやすくなったかというと、決してそうでもないのが現実のようです。

日系・外資系の複数の企業でヒヤリングした結果、リモート環境の従業員には以下のような共通の課題があることが分かりました。

column 10

部下にとっての課題：
- IT化・効率化の結果、逆に仕事量が増え、精神的に余裕がない
- 同僚、上司と顔を合わせる機会が少なく、孤独を感じる
- 若手社員が先輩や上司からOJT的に業務や経験を学ぶ機会が少ない
- 本部や上司から一方通行のメールで指示や情報が来るのでモチベーションがあがらない

上司にとっての課題：
- 普段部下に会わないのでチームの管理が難しい
- 部下に意図が正確に伝わらず、食い違いが生じる
- 普段会わない部下の育成や評価をしなくてはならない
- IT化・効率化の結果、仕事量が増え、部下の育成に意識を向ける余裕がない

このような課題を解決するには、リーダーはどのようにリモート・リーダーシップを発揮したらよいのでしょうか?

リモート・リーダーシップを発揮するには、リーダーは特に以下の3つに集中する必要があります。これを我々はリモート・リーダーシップ3Eモデルと名づけ、企業向けの研修を通じてその実践方法をお伝えしています。

column

column▶▶10

リモート・リーダーシップ3Eモデル
(1) エンゲージメント（Engagement）— 相手との信頼関係の構築
(2) エンパワーメント（Empowerment）— 相手に仕事を任すための支援
(3) エバリュエーション（Evaluation）— 評価とフィードバック

この3Eモデルの中で、特にリモート・リーダーシップ成功の鍵となるのは、(1) のエンゲージメント・信頼関係の構築です。

図表3—25 リモート・リーダーシップ3Eモデル

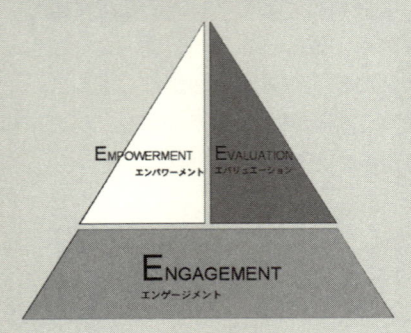

Remote Leadership 3E Model

人の行動が他人にどう影響を及ぼすのかについて、メラビアン（米国 心理学者）の実験によると、話の内容などの言語情報が7%、口調や話の早さなどの聴覚情報が38%、

column 10

見た目などの視覚情報が55％の割合だそうです。つまり、リモート環境では、メールだけのコミュニケーションだと7％、電話だと45％（7％+38％）しか相手に真意が伝わらないというわけです。リモートというだけで、対面の環境に比べ、コミュニケーションにハンデがあるわけですから、相手との信頼関係を構築するためには電話にしろメールにしろ、意識して相手とのコミュニケーションの機会を増やすことが大切です。また、単に交流の機会を増やすだけではなく、ひとつひとつのコミュニケーションをポジティブ、つまり前向きなものにすることが重要です。上司と部下との関係ですと、時に相手に厳しいフィードバックをはしなくてはならない場合があります。しかし、特にリモート環境下では、普段の信頼関係が出来ていない状態でフィードバックをすると、相手に受け入れられるどころか逆に反発を買ってしまいかねません。

今後、日本においてリモート環境での業務はますます増えてくることでしょう。すこしでも多くのビジネスパーソンがリモート・リーダーシップを意識し実践することで、組織が活性化し、その結果、ビジネスそのものの成果に影響を与えるのではないかと考えています。

（記　高橋克典）

第4章 グローバル・リーダーシップ

4—1 グローバル・リーダーシップとは何か？（WHAT）
4—2 なぜ、グローバル・リーダーシップが必要か？
　　 （WHY）
4—3 どのようにグローバル・リーダーシップを実践するのか？
　　 （HOW）
　(1) グローバル（世界）＆ローカル（地域）の両立
　(2) 違いを認め合う
　(3) 同じ目線で（人間として）向き合う

○column○
【11】　グローバル人材育成の3要素

第4章 グローバル・リーダーシップ
―世界をリードするリーダーシップ―

4―1 グローバル・リーダーシップとは何か？（WHAT）

―世界を見る、世界を一つの舞台ととらえ、行動する―

ここまで、自分自身をリードする「セルフ・リーダーシップ」、チームをリードする「チーム・リーダーシップ」について述べてきました。

自分、また、自分のチームは、世界の中で、活動するもので、世界と切り離して考えることはできません。

そこで、ここでは、「グローバル・リーダーシップ」として、21世紀の大きな変化の一つである、グローバル化に対応するリーダーシップについて述べていきます。

グローバル・リーダーシップとは、グローバルを理解して、リードするリーダーシップです。

4―2 なぜ、グローバル・リーダーシップが必要か？（WHY）

2007年8月にインドのデリーで、インド工科大学のビジネ

ススクールの学生たちと議論する機会がありました。

　当時のインド企業のビジネスは、約7割が欧米との取引という状況です。そこで、私たちのメンバーの1人が、「インドは、今後、欧米、アジアやインド国内も含めて、どこの国とのビジネスを拡大していきたいと考えているのか？」という質問をしました。

　こちらが期待していた答えは、たとえば、もっとアジアとのビジネスに力を入れたいとか、もっと日本と取引をしたいというものだったのですが、彼らはきょとんとしています。彼らにとっては、アメリカもヨーロッパも、アジアも日本も、まったく関係なかったのです。彼らには、どこの国とビジネスをしようという感覚はなく、全世界を一つのビジネスの舞台と考えて、国境や国の違いなど関係なく、その時々のビジネスに最も適している形態でやる、という考え方です。この世界を一つと見る考え方は、われわれ日本人には実に新鮮で、われわれのパラダイム（考え方）に刺激を与えるものでした。

　私たち日本人は、日本国内の市場、アジア市場、ヨーロッパ市場、アメリカ市場ということで分けて考えるのですが、彼らにはそういう感覚がありません。そのような世界観が、今、インドがグローバルな市場において成功、発展している要因の一つと考えられます。彼らには、まさにグローバル感覚、グローバル戦略があるわけです。そういった世界感覚というものを、われわれのリーダーシップの中でも高めていく必要があるのではないでしょうか。

　前述のように、インターネットの登場と全世界での普及（2011年時点における全世界のインターネット人口は22億人以上、世界人口の3割強）によって世界が一つにつながって

きています。情報源も、製品やサービスの調達先も、販売する市場も一つになってきています。したがって、市場を分けて考えるのではなく、一つの世界として考えるほうが、より効果的なリーダーシップを発揮できます。

また、2008年1月に中国の上海を訪問しました。2008年8月の北京オリンピック、2010年の上海万博などを控え、高級ホテルやオフィスビルなどの超近代的な高層ビルが立ち並び、欧米や日本などの高級車が増え、世界初のリニアモーターカーが走り、このようなハード面の充実は、今の世界を代表するものです。

サービスなどのソフト面などは、まだまだ今後の課題が多くありますが、人々もこれから中国が大きく発展する、豊かになる、また、そうなりたいという夢や希望を持ち、たいへんな活気を感じました。

BRICsレポートでは、インド・中国に加え、ロシア、ブラジルの発展を予測していますが、同様にロシア、ブラジルもかなりのスピードで発展を遂げています。

また、BRICsに続く、NEXT11といわれるベトナム、トルコなどを含む国々、東欧、中東、南米、アフリカなども、インターネット化、グローバル化などの波を受け、欧米や日本などに追いつくべく、急速な勢いで経済発展してくることは間違いないでしょう。

以前にも増して、現在は、世界があらゆる面で影響し合っています。たとえば、ある地域で戦争が起こり、石油の産出量が少なくなれば、石油の価格が世界的に高騰し、ある地域

第4章　グローバル・リーダーシップ

で景気が良くなれば、そこでの調達と販売が増えて世界の景気に影響します。

　新興国の人たちが力をつけて先進国の人たちと同じビジネスができるようになっていくと、たとえば、アメリカのコールセンターのオペレーターやコンピューターのエンジニアの仕事が、インターネットを使って、賃金の安い（1／2、1／3、1／5、場合によっては1／10のところもある）新興国で行われるようになってきます。そうすると、これまでそのようなことを仕事としていたアメリカ人たちが、たとえば、インドのような英語を話す新興国の人たちにその仕事を奪われ、職を失っていくケースが多くみられるようになってきました。現在、米国では、このことがたいへんな危機意識となっています。

　日本では、日本語という特有の言語があるため、それがカベとなり、まだそこまでは進んでいませんが、中国の大連やインドのデリー、ベトナムなどに電話オペレーションやコンピューターのプログラミングをアウトソーシングしている例がすでに出てきており、この流れは加速することはあっても、止まることはないようです。

　また逆の視点でみると、インド、中国や東欧はそういった先進国とのビジネスを積極的に取り込んでいっています。小さな地域だけ、国だけをみているようでは世界のビジネスの全体の流れが見えず、結果、思わぬところからビジネスを失ってしまうことにもなりかねません。

　身近な例として、町の喫茶店を考えてみます。

　喫茶店のライバルといえば、かつて近くの喫茶店やレストランだったのが、現在は、海外からやってきたスターバック

スやタリーズ、コーヒービジネスを始めたマクドナルドなどもその競争相手になってきています。そういった世界的な動きを見ながらやっていかなくては、また自分たちは地方のみでビジネスを行っているので世界など関係ない、といっているのでは、ビジネスが立ちゆかなくなってしまう危険性があります。

　一部の経営者などに限らず、リーダー、マネジャー、また現場の社員、アルバイトまでに至るまで、この世界全体を見ながら、それぞれの役割に応じたリーダーシップを発揮していくことが不可欠となってきます。

　逆に、世界の動きにうまく乗れば、最初はたとえ小さな店舗であっても世界的な展開の可能性も大いにあります。たとえば、牛丼の吉野家や居酒屋のワタミなども欧米やアジアに積極的に展開しています。

　グローバル化によるメリットとデメリットをよくみながら、そのメリットを最大限に活かすリーダーシップが求められます。

　たとえば、東京の大田区や大阪の東大阪地区には技術レベルの極めて高い中小工場が集中していることで有名ですが、ここも昔は、日本の企業向けにものづくりを行ってきました。ところが今は、世界のマーケットが一つになってきたので、欧米やアジアに向けても高い技術力の製品を展開できるようになりました。米国ボーイング社や欧州のエアバスなどがつくる世界最先端の航空機に日本の中小企業の部品が重要なパーツとして使われたり、最先端の医療機器などにもこれらの中小企業のすばらしい技術が活用されている例が増えてきま

第4章　グローバル・リーダーシップ

した。日本の一地域の小さな企業・工場などでも世界を舞台に活躍できる時代となってきました。

筆者自身の例では、英国のロンドンにビジネス・パートナーのSさんがいます。

彼女は、私のビジネスをよく理解してくれており、私はそのSさんに、グローバル・アウトソーシング（世界的な業務委託）を行っています。

たとえば、顧客との打ち合わせが日本時間の夕方18時に終了した場合、通常その顧客への提案、企画書の作成は、その夜残業をして、もしくは次の日以降となります。

ところが、このグローバル・アウトソーシングを活用すると、日本時間のPM6：00は、9時間の時差がある英国では、当日のAM9：00です。そこでインターネットを通じて、Sさんに顧客との打ち合わせの状況やニーズ、また企画書のイメージなどを伝えると、彼女は、AM9：00よりPM6：00くらいまでの間、その作業をしてくれます。

英国のPM6：00というと、日本時間の翌日AM3：00です。ですので、日本時間の朝9時には、顧客への企画書が仕上がっており、即座に顧客へ提案することができます。

顧客からは、「あれから夜遅くまでやっていただいたのですね、徹夜ですか？」とよく言われます。私は、その夜、お客様と会食したり家族や友人とすごしたり、趣味やスポーツを愉しんだりしています。睡眠も十分です。

実はこれは、時差とインターネットを利用した、グローバル・アウトソーシングのおかげです。また、日本語だけではなく、英語での対応も可能ですので、外資系企業への企画書は、Sさんもしくは、彼女の友人のネイティブ・スピーカー

を活用した本格的な英語での作成も可能です。

　世界や世界とのつながりを理解し、世界を舞台として、世界のあらゆるリソース（資源）を有効活用、リードしていけば、実におもしろく、また、効果的なビジネスやプライベートの利用ができるものです。

図表4―1　○グローバル化のメリット&デメリット（環境）

【メリット】	【デメリット】
・仕入先、市場が世界規模となりチャンスが広がる。 ・24時間・364日、時差などを活用しチャンスが広がる。	・競争相手が国内企業にとどまらず、世界との競争となる ・24時間・365日ビジネスが稼動するので多忙となる。 ・英語、中国語などの言語能力が必要となる。

　このようにグローバル化のメリット、デメリット、それぞれがありますが、グローバル化というパラダイム・シフトは止まりません。むしろ、今後ますますスピードを上げて加速していきます。人々がメリットを感じるパラダイム・シフトは止まることはないのです。

　そうなれば、グローバル化のメリット、デメリットを理解し、自分や、自分のチームのグローバル化における強みと弱みを理解し、強みを最大化し、弱みを最小化する戦略、行動を実践すべきです。

　では、どのように実践すべきなのでしょうか。それを次に

第4章 グローバル・リーダーシップ

述べていきます。

4—3 どのようにグローバル・リーダーシップを実践するのか？（HOW）

(1) グローバル（世界）＆ローカル（地域）の両立
　―グローバルにモノを見て、ローカルに実践、行動する―

　グローバル・リーダーシップにおいては、グローバルな視点だけではなくて、自分の地域や現場を考えるローカルな視点も大事です。世界を眺め、世界的な舞台での最適を追求しつつ、そのローカルもカバーするようにしなくてはいけません。

　たとえば、アメリカのウォルマートが、西友と組んで日本市場での展開を目指していますが、現在のところあまりうまくいっていないようです。ウォルマートの場合は、全世界展開というグローバルな面を意識しすぎて、日本の消費者に合わせた商品、サービスを提供するという、ローカルな面に目を向けきれていないことが原因のようです。グローバル化の進む現在では、グローバルとローカルの両方を見ていくことが大切です。

　グローバルとローカルの両立においては、展開する商品やサービスはもちろん、企業や組織内の人に関しても同様のことがいえます。グローバルな経営ビジョン、戦略も重視しながら実行する人に関してはなるべくローカル（現地）の人材でやっていったほうがいいようです。外資系の企業は、幹部を全員本国から送り込むのではなく、マネジメントはグローバルビジョンや戦略をよく理解した現地の人にやってもらうようにすることにより、グローバル＆ローカルのバランスの

とれた効果的なリーダーシップを発揮できるようになります。

　グローバル・リーダーシップは、グローバルとローカルの双方をうまく活用するリーダーシップといえるでしょう。ちなみに、さらに進展すると、本社もローカルも関係ない組織になっていきます。GEなどは人材の国籍を意識せず、能力やスキル、経験などを重視して、チームをつくる組織になってきています。

(2) 違いを認め合う

　当然ながら、同じ国の人によっても違いはありますが、その国の国民性、培ってきた歴史、文化、宗教、習慣などの違いがあります。

　その国の文化を理解するのも大事なことでしょう。たとえば、日本人は米国人よりも集団意識が強い国民性です。海外の企業が日本でビジネスをするときは、より集団を大事にするリーダーシップを発揮する必要があるでしょう。

　逆に、日本企業が米国でビジネスを海外展開するときは、個人主義が強いことを理解、尊重しつつ、その個人をうまく競争させながらチームワークを形成するような仕組みを作り、お互いにコミュニケーションを高めたり、共通の目的を持たせたり、助け合いをしたことに対してチームとして評価したり、ということをやっていくことになるでしょう。

　また、日本人は真面目で、時間をしっかり守ります。しかし、たとえば、中国やインドの人と仕事をすると、時間に遅れたり、期限通りに仕事をしてこなかったりが日常茶飯事で、

しかも彼らはそれをあまり悪いとは思っていません。そういった文化の違いを理解して、きっちりとルールを決めたり、契約を結んだり、あるいはタイムスケジュールを前倒ししたりといったビジネスをすることが必要でしょう。

また、日本は比較的、年齢を重視し、目上の人を敬うのは当然という意識があります。しかし、そうではない国も結構あり、欧米は年齢よりも実力やポジションで判断します。そういったことも理解しつつリードしていかないと、反発を受けることもあります。

まず前提として、文化が違うからといって、「彼らはダメだ」と否定せずに、その違いを理解して、その特徴をうまく活用しながら、リードしていくことが大切です。お互いのやり方のいいところを見出して相手のやり方を受け入れつつ、日本のやり方も盛り込み、双方の優れた点をうまく活用したリーダーシップをとることが望ましいでしょう。

この基本的な要素を理解しておくことも、グローバル・リーダーシップの実践において有効です。

(3) 同じ目線で（人間として）向き合う

先般、中国の上海に駐在するカゴメのN氏、東芝機械のT氏と議論した際に、海外で成功しているリーダーの特徴についてお伺いしました。

それによると、「日本人だから・・・、中国人だから・・・、欧米人だから・・・」というように、

差別をする人→嫌われる→失敗する

差別をしない人（同じ人間として付き合える人）→好かれる→成功する

ということだそうです。

又、武田薬品の台湾社長を務めたA氏も、「日本のリーダーの良くないところは、欧米人を上に見て、アジア人などを下に見る傾向があり、これは、外国人から嫌われることになる。欧米人でもアジア人でも、その他の地域の人でも上にも下にも見ずに、同じ人間として、同じ目線で付き合うのがポイント」と言っています。

前述のような違いはあれども、相手を上に見たり下に見たりせずに、同じ人間としての目線で見て、真正面から向き合っていくことがポイントといえるでしょう。

▶グローバル人材育成の３要素

インターネットやグローバル経済の発展等により、世界が一体化してきたと言われています。経済活動はよりボーダレス化し、日本企業を取り巻く環境も激変しています。日本企業のビジネスは、日本で生産し輸出するといった伝統的モデルから、各国で生産し、そこを拠点にビジネス展開するといった形にシフトしています。そのような変化に伴い、必要とされる人材像も変化しています。最近は、海外とは関係なく、国内において営業のエキスパート、製造のエキスパートと言われる人が、ある日突然、海外の拠点にエキスパートとして派遣されるといった例をよく聞きます。また、国内においても、M&Aなどにより会社に外国資本が入ることで、また、伝統的な日本企業も外国人を雇用することで、外国人の上司や部下を持つことが珍しくなくなっています。では、このような変化に対応し、どのようにリーダーシップを発揮する必要があるのでしょうか？

グローバル人材の要件を考えたとき、そのベースには以下の３つの要素が必要となってきます。
(1) 語学力
(2) 経営スキル
(3) グローバルマインド

(1) の語学力は、コミュニケーションの観点から必要な要素です。流暢である必要はありません。相手に伝えよう、

column ▶▶ 11

相手のことを理解しようという姿勢が大切です。

(2) の経営スキルに関して言えば、戦略、マーケティング、ファイナンスなど、MBA (ビジネススクール) で扱う主要科目の基礎は知っておくべきだと考えます。海外でビジネスをしていると、MBAを学んだビジネスマンが多いことに気がつきます。彼らと同じ視点でやり取りすることを考えると、MBAの知識やフレームワークはグローバルでは現代版の読み書きそろばん(常識的に身につけておくべきもの)くらいに考えていいと思っています。

最後はグローバルマインドです。筆者自身、香港に5年間駐在した経験がありますが、その時の経験から言っても、この要素は必須と思います。異文化に対する理解や許容が無ければ、どんなに語学が流暢で、経営の知識があっても、グローバル環境でのリーダーシップやビジネスはスムーズにいかないのではないでしょうか。

グローバル・リーダーシップを発揮するには、以上の3つをベースにして、その上でリーダーシップを高めていく必要があります。しかしながら、これら3つはいずれも短期間で習得できるものではありません。今後、グローバルな観点でリーダーシップを発揮したいと願う方は、中長期的に自己啓発をしていく必要があると思います。

column 11

図表4—2

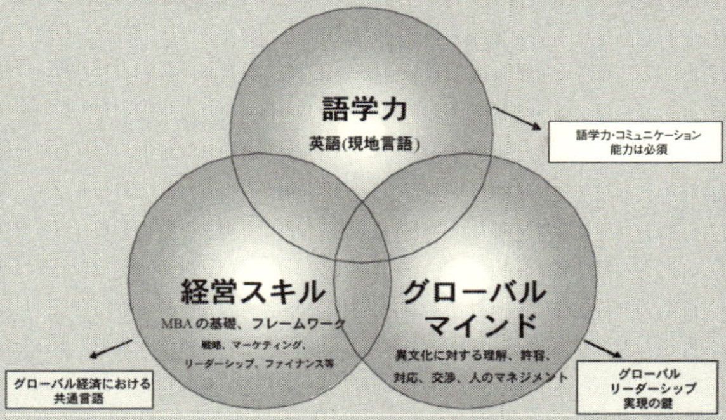

- **語学力**
  英語(現地言語)
  → 語学力・コミュニケーション能力は必須

- **経営スキル**
  MBAの基礎、フレームワーク
  戦略、マーケティング、リーダーシップ、ファイナンス等
  → グローバル経済における共通言語

- **グローバルマインド**
  異文化に対する理解、許容、対応、交渉、人のマネジメント
  → グローバルリーダーシップ実現の鍵

第5章 ソーシャル・リーダーシップ

5—1 ソーシャル・リーダーシップとは何か？(WHAT)
5—2 なぜ、ソーシャル・リーダーシップが必要か？(WHY)
5—3 どのようにソーシャル・リーダーシップを実践するか？(HOW)

○column○
【12】 人は本来、正しいことを望んでいる

第5章 ソーシャル・リーダーシップ
―社会をリードするリーダーシップ―

　前章でグローバル化に対応するグローバル・リーダーシップについて述べていきました。

　次に、社会的な課題に対応するソーシャル・リーダーシップについて述べていきます。

　ソーシャル・リーダーシップの「ソーシャル」とは、社会性・社会的という意味です。

　ソーシャル・リーダーシップとは、「社会を理解して、リードまたは影響するリーダーシップ」です。

5―1　ソーシャル・リーダーシップとは何か？（WHAT）

　ソーシャル・リーダーシップとは、自分の属する国や社会を理解してリードするリーダーシップのことです。ここで社会とは、人間社会はもちろん、地球環境、人間以外の生物なども含めて考える必要があると思っています。というのも、環境を破壊したり、動植物を生存できなくしてしまったら、人間自体も存在できなくなってしまうからです。

　リーダーは、中長期的な長い時間軸、歴史観を持ち、社会や地球環境への影響を考える大局観を持つ必要があります。

　そのようなことが、人間観、世界観、歴史観などを含めた、

リーダーとしての「器」(スケール観)を培っていきます。それは、自分自身のためでもあり、チームや社会、世界のためにもつながっていきます。

5—2 なぜ、ソーシャル・リーダーシップが必要か？(WHY)

現代の社会は、個人は自分たちのこと、企業は自分たち企業のことばかりを考え、他者のこと、社会のことなどを考える社会的（＝ソーシャル）な視点というものが不足しているのではないでしょうか。人によっては、個人レベルで社会のことや地球環境のことを考えたり、会社として環境問題に取り組んだりはしていますが、個人も、チーム（企業）もより大きな社会の構成員の一つであるので、その属する社会について、もっと考え、行動していくべきと考えます。

現代の多くの企業は、売上・利益追求や株主利益偏重に走りすぎている傾向にあります。企業の存続や発展にとって、当然ながらその売上や利益を追求していく必要はありますが、それだけでは単なるエコノミック・マシーン（経済的な機械）となってしまいます。

21世紀以降の社会においては、人間社会における企業・組織とは、自身の利益のみならず、利益性と社会性の双方をバランスよく追求して初めて、社会的に意義があり、尊敬されるチーム、企業となります。企業やリーダーはもっと社会（ソーシャル）とのつながりを考えていくことが、社会のためのみならず、自分、またチームのためにも大切ではないかと考えます。

たとえば、石油会社が、地球上に限りある石油資源の大量の採掘を際限なく繰り返していくと、地球上の石油資源自体がそのうち枯渇してしまい、結果、その石油会社自体、ビジネスができなくなります。また、魚介類などの水産資源を捕獲し加工、販売する水産加工会社が自社の利益のことだけを考えて魚介類を必要以上に乱獲したら、そのうち魚介類が獲れなくなってその会社自体の経営が成り立たなくなります。現に、ある種の魚介類については、乱獲が原因で、ほとんど捕獲できなくなってしまっているものもあります。

　現代は、人間の生活を豊かにするための大量生産・大量消費の時代です。

　統計によると、地球上の人口は、1800年：10億人、1900年：20億人、1960年：30億人、1974年：40億人、1987年：50億人、1999年：60億人、2007年：66億人、2011年：70億人というペースで加速度的に増え続けています。このまま進めば、2050年には90億人を超えるとも予測されています。

　そういった中で、このまま大量生産・大量消費のペースを維持していったとしたらどうなるでしょうか。地球の資源が枯渇し、産業廃棄物やゴミで溢れ、経済、産業、いや世界自体が成り立たなくなっているかもしれません。これは石油にしても、自動車にしても同じです。また、経済、産業のみならず、人類の存在自体にとっても危機を及ぼす可能性があります。

　今の地球とは、現在、地球上に存在するわれわれがすべてを所有しているのではなく、われわれの祖先や、これから生まれてくる子孫たちのためのものでもあります。それをすべて現在あるわれわれのものと考えてしまうと、後世には、産

業廃棄物などにより環境が破壊され、社会問題が多発し、持続的成長ができない地球、社会を残してしまうことにもなりかねません。

　逆に、地球環境や社会、人類の将来のことなどを考えて、地球資源を増やす努力をしたり、弱者を雇用したり保護している企業やリーダーもあります。

　たとえば、トヨタ自動車は、当初は開発コストが膨大なものとなり、企業の利益や採算的には非常に厳しかった、ガソリンと電気エネルギーの双方で効率的に動くハイブリッド車プリウスなどを、地球環境や自動車産業全体の将来のことを考え、巨額な初期投資を負担し、粘り強く、継続して開発、販売してきました。

　そのような努力の結果、現在では、世界中の人々の地球環境保護に対する意識が高まり、ガソリンで動く一般の自動車よりも多少価格は高くても、トヨタのハイブリッド車を選択する社会的な意識の高い消費者が増えてきており、トヨタにとっても、好ましいビジネスが展開できています。

　企業（チーム）にとって良い結果が生まれるばかりでなく、チームのメンバーにとっても、自分は地球環境にやさしいハイブリッド車の開発・製造・販売にかかわっているという誇りやモチベーションが生まれます。

　総合スーパーのイオンなども、マイ・バスケット（再利用可能な買い物カゴ）を利用して買い物袋を削減したり、収益に応じて、砂漠の緑地化のため苗木を植え続けたりするなど、社会的活動を行っています。

　これらなどは、実に尊敬に値するリーダーシップといえる

のではないでしょうか。

そのようなリーダーシップを発揮すると、その会社・組織は消費者や周りの人から信頼や尊敬を集め、その会社・組織の製品やサービスが購入されるようになり、結果、その企業の売上や利益にもつながっていきます。

○強さ中心のリーダーシップの時代から、強さ＋やさしさ＋正しさ＝尊敬されるリーダーシップの時代へ

セルフ・リーダーシップやチーム・リーダーシップを高めていくと、強い個人とチームになっていきますが、ソーシャル・リーダーシップでは、ただ、自分たちのことだけではなく、社会のこと、世界のことも考え、行動していきます。

自分や自分たちのチームのこともちろん考えますが、同時に、社会や世界のことも大局的に考え、過去や未来のことも含め、正しい歴史観を持って、考え、行動していくのです。そのようなことを考えられるのも、他の動物とは違った人間の素晴らしさではないでしょうか。

パナソニックの経営理念の一つに、「共存共栄」というものがありますが、これはまさに、自分たちのことだけを考えるのではなく、お客様や取引先、関係者などを含めた社会や世界と共に存在し、共に栄えていこうという考え方です。

パナソニックに入社した社員たちは、この「共存共栄」という理念を教えられることにより、ただ自分たちがより多く儲けて、より多くの収入を得て、社外や社会のことは関係ない、どうなってもよい、と思うのではなく、自分たちの仕事や活動は、お客様や関係者、社会と「共存共栄」を図ってい

るのだと理解することで、自分たちの誇りや責任感にもつながっていきます。

　社会のことも考えたリーダーシップ＝ソーシャル・リーダーシップは、自分たちの強さ、良さ、そして幸福感、満足感にもつながってくるものだと思います。

　また最近、多くの企業から「メンバー、また、リーダー自身のモチベーション（やる気）が低くなっている」、「何とか社員のモチベーション（やる気）を上げたい」というご相談を受けることが多くなってきました。

　社員のモチベーションが、多くの企業やチームにとって重要な問題の一つとなってきています。

　個人や自分のチームが社会に価値を提供することは、人間の本質的な欲求につながっていると思います。ほとんどの人は、もともと社会を悪くしたい、社会に危害を加えたいと思っているのではなく、（まれに、結果そのような行動をしてしまうこともありますが、）本質的には、社会をより良くしたい、社会の役に立つ人になりたいと思っているものです。

　たとえば、自分がこの仕事をして、良い製品を作ったり、良いサービスを提供したりすることによってお客様が便利になったり、生活の質が向上したり、寄付などを通じて恵まれない人たちを支援していたり、地球環境の改善に貢献していたりということがわかると、モチベーションの向上につながるものです。

　このような社会的な活動が、人のモチベーションを上げることはあれ、下げているという話はこれまで聞いたことがありません。

ある中堅企業は、その会社の利益に応じて砂漠に苗木を植える活動をしています。

　利益がどのくらい上がり、どのくらいの苗木を植えたかなどを、会社と社員とでオープンに共有しています。そうすると、社員がこの仕事が大変だとか、今日は実に疲れたと思うことがあっても、もうひとがんばりすれば、砂漠に木をもう1本植えることができると思い、がんばりがきくようです。

　これは、社会的な活動がそのチームのメンバーのやる気に大きくつながっている例です。自分のためになることだけではなく、他人や社会に対して貢献するということも、ソーシャル・リーダーシップにおけるメンバーのモチベーションを高めるための一つの要素になり得るのです。

　これからは強い個人、チームだけではなく、やさしさも兼ね備えた尊敬される個人、チームが求められる時代になると思います。レイモンド・チャンドラーが小説の中で、「強くなければ生きていけない、やさしくなければ生きている資格がない」といっていますが、まったくその通りだと思っています。強くなければ個人もチームも生きていけない、やさしくなければ意味がない。ソーシャル・リーダーシップは、そういった「強さ」と「やさしさ」を兼ね備えたリーダーシップです。

5—3　どのようにソーシャル・リーダーシップを実践するか？（HOW）

　では、どのようにしてソーシャル・リーダーシップを実践していけばよいのでしょうか。

第5章　ソーシャル・リーダーシップ

　まず大切なのが、自分あるいは自分のチームと社会や世界は関連し合っている、影響し合っているということを、改めて認識することです。自分の活動の一つひとつ、チームのそれぞれの活動のすべてが社会に影響を与えているということを理解して、その関係、関連性をみていくことが大切です。

　たとえば、製薬会社が新しい薬を出すと、それが多くの人の命を救ったり、病気の苦しみを軽減できたりします。たとえ一製品開発担当者であっても、その人がいないとその薬の開発はできませんし、一営業マンであっても、その人がいないとその製品の良さを病院や患者に対して提案し、提供することができなくなってしまいます。それぞれが、人の命を救ったり、病気の苦しみを軽減したりするための重要な一部分を担っているわけです。

　当然ながら、企業は利益を上げていかないと存続できませんし、個人も収入を得なければ生活していくことができませんので、それ自体、なくてはならないものです。

　しかしながら、「自分は会社から言われた開発を義務としてやっている」、「自分は、ただノルマを果たすために、営業をやって売上を上げている」、「自分の生活の糧のために働いている」ことだけを考えずに、この仕事が「どのようにチームに、顧客に、社会に、世界に貢献しているか」という仕事の意義、尊さを考えていくことにより、自分の仕事への誇りや自信につながっていきます。

　ソーシャル・リーダーは、自分自身がそのことを理解し、行動するのみならず、チーム・メンバーにも、その仕事の意義、尊さを伝え、考え、共感してもらうようにします。

そのことが、チーム・リーダーシップのところ（第3章）でも述べたチームのモチベーションを高め、実行力、チーム力を高める一つのアプローチ方法となります。
　たとえば、人材教育・研修などの会社に携わっている人であれば、より良い人材開発を行い、素晴らしい人を育成することによって、より良い社会、未来を創造することができます。
　このように、自分とチーム、チームと世界、社会のつながりを考え、感じ、より影響の輪を広げていくことが、ソーシャル・リーダーシップです。

　丸い円を想像してみてください。個人は円弧の一部分です。一人だけで完全な円を描くことはできませんが、一部でもなくなると円は成り立たないわけです。
　自分が円（社会に対する影響）の一部分であることをイメージしてください。一人で全部を描こうとすると、かなり小さな円になってしまいますが、より多くの人たちと連携、協

力し合って円を描くと、より大きな円になり、社会に大きな影響を与えていくことができます。

確かに、ビジネスや社会活動の中には、社会的にマイナスな活動を行っているのでは？と思われるものもあります。たとえば、自動車メーカーが車を1台製造したら、鉄や石油、その他多くの地球資源を使ってしまいます。地球資源の消費という面だけからみれば、これは社会にとってマイナスですが、この1台の車を購入した消費者が有効に使うことによって、その人の生活が豊かになり、ビジネスを円滑にし、社会の価値を創造することになります。また、そのことが自動車メーカーの社員の生活のための給料となったり、自動車の部品や原材料供給メーカーおよびその社員、関係者にも利益を及ぼします。さらに、それらの企業が利益を上げることで、国や地方の税金として、社会活動のための資金ともなります。

このように物事を一面からのみではなく、全体を捉え、そのプラス面がマイナス面よりも大きければ、そのビジネス自体はプラスであり、存続、推進すべきものといえます。すべての社会、経済活動にはプラス面とマイナス面がありますが、片方の面だけではなく両方の面をみて、トータルで物事を捉えるべきです。

筆者自身も以前は、家電メーカーなどが、日本のモノが溢れている時代に家電品などを大量生産することは、社会的にマイナス面が多いと思ったこともありました。しかし、まだモノ、たとえば、テレビや冷蔵庫、洗濯機などが満たされておらず、生活レベルがまだまだ低い国々などをみてみると、かつての欧米や日本のようにモノが生活を豊かにし、時間を大幅に節約するなど、プラス面も確かに大きいと認識を改め

ました。
　常に物事の両面をしっかりみて、バランス感覚を持ち、全体を捉えながら、総合的に判断していかなければならないことを学びました。

　持続的に成功、成長し続ける会社を作ろうと思った場合には、短期的な利益の面だけではなくて、社会的な面も両立させていかなくてはなりません。反社会的なことを行っていたりすると、あとで却って大きな損害を被ることも多くあります。
　たとえば、飲食品の賞味期限を過ぎたものを売っていたなどの問題を起こした雪印乳業や石屋製菓、赤福の場合のように、短期的には利益になったものの、後日、その反社会的な活動が内部からの告発などで判明し、その会社の存続自体にも大きな影響を与えるようなってしまったというケースが多くみられるようになってきました。インターネットがまだ普及していなかった20世紀には、企業内の情報が閉ざされていたので、21世紀の現在ほどオープンになることがあまりありませんでした。しかし今日では、インターネット化の波により、現場の社員でもアルバイトの人でも、だれでもインターネットを使って簡単に情報を得たり、また簡単に情報発信することができるようになっています。
　以前であれば水面下で留まっていたであろう反社会的な活動は、いずれわかってしまうようになっています。反社会的な行動や人道に反することは、すぐにオープンになってしまう、非常に透明度の高い社会となってきました。
　そのようなビジネス環境下でのリーダーシップは、さらに、

ソーシャル・リーダーシップのあり方の基礎である「正しさ」が欠かせなくなってきました。

　また、その当時は、法律では禁じられていなかった産業廃棄物を、ある地域の地下に埋めていたある企業が、後年になって、法的に罰せられることはなかったものの、地球環境に悪影響を与えるということで大きな社会問題になり、その企業イメージに大きな打撃を与えたこともありました。
　今現在は法律で禁じられていなくても、社会的、人道的、地球環境的に考えて「正しくない」、または「正しくない可能性がある」と考えられる行動は、実行しないというのが、ソーシャル・リーダーシップのあり方です。そのほうが結果的にも、その会社の持続的な成功と成長につながります。
　社会的な行動は、一時的にはマイナス面があることもありますが、中長期的にみると、プラスになっていくことが多くあります。
　ソーシャル・リーダーシップとは、単にその時々の短期的な利益を追求するだけでなく、3年、5年、10年、場合によっては20年、30年、50年先も見据え、歴史的な視点を持って、行動をとっていくものです。

　最近では、社会的な活動に積極的に取り組んでいるチーム、リーダーも多くみられるようになってきました。
　たとえば、日本経団連の「1％クラブ」は、経常利益や可処分所得の1％相当額以上、もしくは時間の1％以上を社会貢献活動に使おうと努める企業や個人のグループです。こういったグループに入って活動していると、企業も個人も社会

的に尊敬され、消費者はその会社の製品やサービスを買いたいという気持ちになるでしょう。結果として、そのような活動に取り組むチームの長期的な利益につながっていきます。

　地球環境や社会性が求められる中、このような傾向は今後ますます増えてくるものと考えられます。

　個人やチームの正しいあり方が、あり方（TO BE）モデルの他の要素、"強さ"や"やさしさ"にもつながり、個人やチームの持続的な成功と成長につながってきます。

　以上のように、自分やチームと社会のつながりを理解して、たとえ小さな一歩であっても、社会全体にプラスとなる考え方、行動をすることで、ソーシャル・リーダーシップを高めていくことができます。

▶人は本来、正しいことを望んでいる

　企業や大学における人材育成研修などのビジネス、またプライベートでの多くの人たちとの会話などを通じていつも感じることですが、最初から悪いことや、社会に危害を加えたいと思っている人には、ほとんど出会ったことがありません。「社会をむちゃくちゃにしてやろう」とか、「あいつを傷つけてやろう」と思っている人には出会ったことがありません。

　研修の場で自分がどうなりたいか、どんなチームにしたいかと聞くと、ほとんどの人から、楽しくてやさしくて誠意がある人、思いやりがある人になりたい。社会をより良くするためのビジョンを実現したい。互いに切磋琢磨し、高め合い、ビジネスを愉しむチームを作りたいなどという答えが返ってきます。

　ということは、そういう人が本質的に持っている良い面にアプローチし、それを伸ばす、活用していくリーダーシップが大事だということになります。

　人間は本質的に、社会的に正しいことをしたいと思っている存在です。リーダーがメンバーに対して、社会的に正しいことをするように意識づけを行ったり、ダイアログ（創造的対話）やコーチングなどを通じて気づきや行動を促していくことは、ソーシャル・リーダーシップの重要な要素だといえます。メンバーの内発的な、潜在的に持っているよい考え方を導き出していきます。

column 12

　もし、パナソニックの創業者である松下幸之助氏が、電気製品を売って「ただひたすら儲けよう。自分たちだけ利益を得よう。社会のことなど関係ない」などという考え方であったら、全世界のグループ会社の数万人、数十万人の社員たちは、彼についていかなかったでしょう。また、そのような会社、リーダーが販売する製品をお客様は買わなくなり、結果、何兆円もの売上を上げる会社にはならなかったでしょう。

　松下幸之助氏は、「優れた電気製品を社会に満たし、社会を豊かにしよう」と、事業活動を通じて社会生活を豊かにするという強い信念を持っていました。それを経営理念（経営の基本的考え方）として、メンバーに対して発信し、電気製品を通じて世の中の人たちの生活を便利にし、余暇を作り出し、社会全体を豊かにしようというソーシャル・リーダーシップを発揮したのです。だからこそ大きな組織になり、顧客や社会も認めていったのだと考えられます。

　ソニーも、これまで世の中になかった革新的な製品を開発して、世界を豊かに変えようという理念を打ち出していました。単に短期的ではなく、長く継続して、成長・発展していくリーダーシップを目指しました。

　リーダーシップの達人たちは、企業のトップであれ、リーダー、マネジャー層であれ、現場のメンバーであれ、多かれ少なかれ社会的な要素を持っています。これは大企業の経営者だけではなく、リーダーやマネジャー、また現場の社員でもこのような視点を持つことで、リーダーシップの達人として成長できるということです。

その地位や立場とは関係なく、社会や世界のことを考え、自分やチームをリードして、より良い価値を創造する人はすべてワールドクラス・リーダーなのです。たとえば、自分の収益の一部を社会貢献に使う、時間の一部を地域社会や周りの人たちのために使っていく、環境を考え資源の節約に努めるなどという地道な活動も、立派なワールドクラス・リーダーシップといえます。

人は、利益だけを求めるものではありません。もちろんそれも大事ですが、社会的なもの、大義を求めるものでもあると思います。

リーダーは、このような社会的な面も考慮に入れたリーダーシップを発揮することによって、チームの結束力を高め、メンバーのモチベーションをアップし、ビジネスを成功に導き、結果、尊敬されるリーダーとなっていきます。

第6章 最後に

6—1 すべてのリーダーシップはつながっている
6—2 次の時代へ

第6章 最後に

6—1 すべてのリーダーシップはつながっている

　この本のタイトルであるワールドクラス・リーダーシップとは、ここまで述べてきたセルフ・リーダーシップ（2章）、チーム・リーダーシップ（3章）、グローバル・リーダーシップ（4章）、ソーシャル・リーダーシップ（5章）を統合するものです。これら4つのリーダーシップは、別々に独立して存在するものではありません。

　自分自身をよく理解し、リードするセルフ・リーダーシップを行うことで、チームをより良くリードするチーム・リーダーシップが発揮できるようになります。

　また、チームをリードする際にも、自分自身やグローバル、ソーシャルをよく理解した上で、チーム・リーダーシップを発揮するとより効果的です。

　世界や社会を理解し、リードするグローバル＆ソーシャル・リーダーシップを発揮することも、セルフやチームへのリードにつながってきます。

　セルフ、チーム、グローバル、ソーシャルに対する4つのリーダーシップはそれぞれ独立したものではなく、密接なつながりを持つものであります。

また、各章で述べてきた、リーダーシップの3つの行動モデル：①ビジョン　②アクション　③ラーニングも、リーダーシップの3つのあり方モデル　①強さ　②やさしさ　③正しさ　もそれぞれが互いに関連、つながりあって、より良いリーダーシップが実践できるようになっています。

6—2　次の時代へ

この本では、21世紀はじめにおけるインターネット化、グローバル化、多様化の変化に対応するリーダーシップとして、ワールドクラス・リーダーシップという形でまとめてきました。

リーダーシップのあり方は常に、そのおかれている環境に対応すべきものです。

どんな時代、環境でもあるリーダーシップが通用するというただ一つの答えはありません。

常に社会環境に応じたリーダーシップを行っていく必要があります。

よって社会、環境が変わった場合、次なるリーダーシップなどを作り出していく必要があります。

ここまで、社会・ビジネス環境に応じたリーダーシップの考え方を述べてきましたが、社会・ビジネスを取り巻く環境がさらに変化した場合には、このような考え方を基本に、新しい社会・ビジネス環境に対応した、新しいリーダーシップをみなさんの考えで生み出していってください。

どのような時代となっても、その時代にあうリーダーシップを実践することは、人と組織の成功と成長、そして、すべての人の幸福へとつながるものだと確信します。

　そして最後に改めて、21世紀をはじめ、これからの時代は、組織のトップや上位者など特定の人たちだけがリーダーシップを発揮する時代ではなく、すべての人たちが、それぞれの立場に応じて、主役となって、リーダーシップを発揮していかなければならない時代と思いますし、また、そのほうが、個人にとっても、チームや世界にとっても、より素晴らしい未来を創り出すことにつながっていくことと確信しています。

謝　辞

　この本は、これまで私のビジネス、大学、社会活動、学習などに関わって頂いたすべての人たちのおかげで、出来上がったものです。

　松下電器産業（現　パナソニック）での16年間に及ぶビジネス経験で、いろいろとご指導いただいた上司、先輩、同僚、部下、後輩の皆様、取引先の皆様。
　リーダーシップをテーマに、研修・講演などを受講いただき、様々なご意見やご経験を御教え頂いた、東芝グループ、ＮＥＣグループ、富士フイルム、住友商事、イエローハットなどをはじめとした多くの企業関係者の皆様。
　立教大学大学院　ビジネスデザイン研究科で、私の「リーダーシップ論」を受講頂き、ともにリーダーシップについての学びあいを深めていただいた皆様。
　原稿を読んでいただいて貴重なフィードバックなどを頂いた、林明さん、今井晃さん。
　日頃、ご相談などさせていただき、メンター的に様々、ご指導を頂いております、
　宮原明さん、池上壹彦さん、渕野康一さん。
　各企業にて、経営や人事に関わられ、深い見識とご経験を御教えいただいております、
　横浜市長の林文子さん、トヨタの中島哲さん、新日鉄の中澤二朗さん、パナソニックの関幸彦さん。

また、7年前に起業したEQパートナーズの仲間で、この本の執筆に多大なご協力を頂いた、高橋克典さん、春井克之さん、高梨辰聡さん、橿棒恵美子さん、篠田ちひろさん。

　この本の執筆を強力にサポート頂いたプロのライターでもある房野麻子さん。
　本のきっかけとなるご紹介を頂いた高野文夫さん。

　そして何よりこの本を読んでいただいた皆様、本当にありがとうございます。
　この本が、皆様のリーダーシップを高める、また、より良いビジネスや社会生活のヒントとなれば、これほど、うれしいことはありません。

　また、一人ひとりが、夢や思い、志をもって自分（セルフ）、チーム、世界、社会をリードするワールドクラス・リーダーになっていただきたいと思います。
　そして、21世紀またその先の世界が、すべての人にとってすばらしい世界となることを願っています。

　この本に関して、ご意見、ご感想などがございましたら、下記にご連絡頂けましたら幸いです。

2009年2月

安部　哲也　admin@eqpartners.com

EQパートナーズのご案内

　ＥＱパートナーズは、ＥＱ ual Partners（イコール・パートナー）として、お客様、関係者などすべての方々と二人三脚で、より良い人材育成、リーダーシップ開発を行いたいという強い思いで 2002 年に設立をいたしました。　ビジネス環境の複雑化、多様化、国際化、スピード化などで、ますます人材育成や特にリーダーシップ開発に対する企業、また社会的ニーズが増えてきていることを実感いたします。　そのような環境の中 (1) リーダーシップ開発 (2) MBA スキル開発 (3) グローバル人材開発 を 3 つの柱として、日々新たな気持ちでお客様の人材育成をサポートしています。

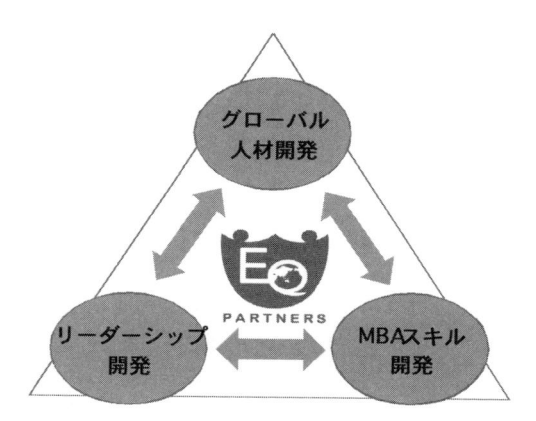

EQパートナーズ　3つのドメイン(事業領域)

(1) リーダーシップ開発
- 次世代リーダー、経営者育成プログラム

- 階層別リーダーシップ研修（若手～幹部層まで）
- コーチング・メンタリング研修
- ビジネスEQ研修
- ビジネスコミュニケーション研修
- リモート・リーダーシップ研修（遠隔地の部下へのリーダーシップ） など

(2) **MBAスキル開発**
- 実践1-Day（ワンデー）MBAプログラム
  （戦略・マーケティング・アカウンティングなどMBAの各教科が1日で学べます）
- 営業力・ビジネス力強化に直結する実践MBAシリーズ
  （MBAの知識、フレームワークを営業力強化につなげます）
  など

(3) **グローバル人材開発**
- サンダーバードビジネススクールとの共同開催プログラム
  （米国経営学大学院とのグローバルビジネスに特化した共同プログラム）
- 日本人社員のためのグローバルリーダーシップ開発プログラム
- 外国人を部下に持つ上司のためのコーチング、メンタリング研修
- 日本人グローバル要員のためのMBAプログラム
- 現地外国人社員のためのリーダーシッププログラム　など

【EQパートナーズ連絡先】
EQパートナーズ株式会社　www.eqpartners.com
E-mail: admin@eqpartners.com

私塾「志（こころざし）塾」のご案内

　先の見えないこの激動の時代、大切なのは、一人一人かどのような志（こころざし）を持って生きていくのかではないでしょうか？高い志を持った人々が、お互いに切磋琢磨できるような場を作りたいとの思いから、2009年1月より私塾「志（こころざし）塾」をスタートしました。一人一人の志が集結することで、明治維新のような時代を変える波へと繋がることを願っています。

【参加資格】
高い志を持つ個人（国籍、性別、年齢、職業問わず）

【内容】
　毎月、東京品川にて開催しています。外部から講師をお招きしたり、塾生が交代で講師を担当したりします。テーマは志の実現につながるスキル、ノウハウ、経験、思いなどです。講師と塾生の議論を通じてお互いに切磋琢磨し、学びあおうという主旨です。参加費は無料で、会場代等の実費のみご負担頂きます。

【参加申し込み】
　EQパートナーズ「志塾」係まで電子メールにてお問い合わせください。

【志塾連絡先】
EQパートナーズ株式会社　www.eqpartners.com
E-mail: admin@eqpartners.com

〈著者紹介〉

安部　哲也（あべ　てつや）

EQパートナーズ株式会社　代表取締役社長／MBA（経営学修士）
立教大学大学院　ビジネスデザイン研究科（MBA）　教授（リーダーシップ論担当）
福岡県出身。修猷館高校卒業後、中央大学法学部法律学科卒業。
BOND大学大学院MBA（経営学修士課程）卒業。
松下電器産業株式会社（現　パナソニック）にて、国内営業・マーケティング・企画・ＳＥ（システムエンジニア）、海外営業・貿易・マーケティングなどを経験。1996年より5年間、同社　国際商事本部の香港事務所初代駐在員として香港・中国と日本・欧米などとの貿易ビジネスに携わる。
独立後、EQパートナーズ株式会社を設立し、同社　代表取締役社長に就任　現在に至る。
「"リーダーシップ"開発を通じて、より良い社会創りに貢献する」ことを事業ミッションに、企業・大学など向けに人材・組織コンサルティング、人材開発研修などを実施。
2009年1月より私塾「志（こころざし）塾」を始め、志のある人物の育成に取り組む。

主なコンサルティング・研修：
（１）人材開発コンサルティング
　　　「人と組織」に関するコンサルティング業務。
（２）人材開発研修
　　　①リーダーシップ開発　②次世代経営者・リーダー育成研修プログラム　③ワールドクラス・リーダーシップ開発　④コーチング研修　　　など
（３）一部上場企業　取締役、外資系企業取締役、マネージャーなど向けにエグゼクティブ・コーチングを実施。経営戦略構築支援、経営課題、問題解決などをサポート。

主な実績（敬称略・順不同）：
東芝グループ各社、NECグループ各社、富士フイルム、NTTグループ、花王カスタマーマーケティング、ソニー、住友商事、森永製菓、帝人、イエローハット、カシオ、キャノン、フジクラ、シティバンク、ツムラ、日系証券会社、外資系製薬会社、外資系化粧品会社、外資系宝飾品会社、外資系金融会社、官公庁、日本能率協会、PHP研究所、マーケティング研究協会、立教大学　大学院、名古屋学院大学　など。

著書：
「カルロス・ゴーン流　リーダーシップ・コーチングのスキル」（あさ出版）
「コーチング力が身につくトレーニングブック」（総合法令出版）

連絡先：
EQパートナーズ株式会社　　www.eqpartners.com　　E-mail：admin@eqpartners.com

| 2009年4月22日　初版第1刷発行 |
| 2018年8月25日　初版第3刷発行 |

ワールドクラス・リーダーシップ

　　　　　　　Ⓒ著　者　安　部　哲　也
　　　　　　　　発行者　脇　坂　康　弘

発行所　株式会社 同友館　　〒113-0033 東京都文京区本郷3-38-1
　　　　　　　　　　　　　　TEL. 03(3813)3966
　　　　　　　　　　　　　　FAX. 03(3818)2774
　　　　　　　　　　　　　　http://www.doyukan.co.jp/

落丁・乱丁はお取り替え致します。　　西崎印刷／三美印刷／東京美術紙工
ISBN 978-4-496-04487-8　　　　　　　Printed in Japan

本書の内容を無断で複写・複製（コピー）することは、
特定の場合を除き、著者・出版社の権利侵害となります。